Nadolig pwy a ŵyr 2

Ail gyfrol o straeon byrion,
i gyd yn ymwneud â'r Nadolig

GWASG Y BWTHYN

ⓗ Gwasg y Bwthyn 2019

ISBN: 978-1-912173-22-8

Cyhoeddwyd gyda chymorth ariannol
Cyngor Llyfrau Cymru

Dyluniad y clawr: Siôn Ilar

Cyhoeddwyd ac argraffwyd gan
Gwasg y Bwthyn, Caernarfon
gwasgybwthyn@btconnect.com
Rhif cyswllt: 01286 672018

Diolch i'r awduron sydd wedi cyfrannu at y gyfrol hon.
Diolch i chi am fynd ati i ddarllen y gyfrol.
A Nadolig Llawen i bawb!

Cynnwys

Pwdin Nadolig Melania Trump

LLEUCU ROBERTS

Pe bai hi awydd edrych, câi wybod gan y *Washington Post* mai yn y Tŷ Gwyn oedd hi, ond byddai *Fox and Friends* yn taeru mai ym Mar-a-Lago oedd hi, yn cerdded ar ddeheulaw Don. Ond pe bai'n sbecian drwy'r pedair haen o wydr a'i cadwai rhag hedfan ymaith, fe welai mai treflin Efrog Newydd a orweddai, yn bennaf, oddi tani.

Mae'n siŵr fod y cyfan yn wir i'r sawl a'i credai, meddyliodd Melania – Mar-a-Lago, y Tŷ Gwyn, Twr Trump. Pe bai rhywun yn dymuno credu ei bod hi'n treulio'i dydd Nadolig ar y lleuad, croeso iddyn nhw wneud hynny.

Cododd Melania o'i soffa wrth y goeden Nadolig dinselog wen, a chroesi'r ystafell at dair coeden Nadolig arall, un rhwng pob un o'r ffenestri mawr llydan a gadwai lygad ar y ddinas ysgeler. Teimlai'n dipyn o daith, cymaint â'r pellter rhwng y tî a'r pymthegfed twll ym Mar-a-Lago, gwamalodd wrthi ei hun, ac yn wir, roedd ambell bêl yn sbecian o dan y soffas hwnt ac yma lle roedd e wedi'u taro a'r staff glanhau wedi'u methu. Bu'n bwrw ei rwystredigaeth ar rai cannoedd o beli golff wrth orfod gwrando ar ryw swyddog neu'i gilydd yn ceisio stwffio gwirioneddau rhywun arall o dan y gwrthban oren ar ei ben. Edrychodd Melania ar yr amrywiaeth o goed yn yr ystafell enfawr; y goeden dinselog wen, y goeden dartan goch, y goeden â'r clychau aur a'r rhubanau glas tywyll: pob un yn ei phlesio mewn ffordd wahanol fel nad oedd yn rhaid dewis. Peth a berthynai i'w hieuenctid oedd dewis, i oes arall a chyfandir arall. Roedd Donald wedi dileu'r angen i ddewis.

Pan gyrhaeddodd Melania ben arall yr ystafell a syllu ar y blociau tal yn syllu ar ei gilydd heb ddim i'w ddweud, ceisiodd ddychmygu beth roedd pobl y tyrau eraill, a'r fflatiau oddi tani'n ei wneud â'u Nadoligau hwythau. Chwarae gemau fyddai'r rhan fwyaf o deuluoedd yn ei wneud ar adeg yr ŵyl, esgus bach bod dieithrwch y dydd at eu dant a gwneud ati i gofleidio'r ffalsrwydd. Gwên deg i'w gilydd yn blastr dros glwyfau ddoe a fory – yn wahanol iddi hi, yn wir, a dreuliai ei dyddiau i gyd bellach yn gwenu'n ingol ar ei phobl a'r byd (nes methu, yn aml iawn): heddiw, câi lacio cyhyrau poenus ei gên a'i bochau a gwgu yn ei chwmni ei hun.

Ceisiodd alw i gof beth roedd hi wedi'i archebu'n bwdin Nadolig. Rhywbeth heb afradedd: doedd calorïau ddim yn segura dros wyliau'r Nadolig. Ond er mai hi oedd wedi archebu'r pryd, ac wedi nodi ei union gyfansoddiad hyd y fafonen leiaf, roedd ei heiliad o anghofrwydd o leia'n cynnig gobaith bach am sypréis ar ddydd Nadolig fel hyn.

Ond teimlai Melania ychydig bach yn fwy diangor na'r arfer. Yn annisgwyl, bu'n rhaid i'w rhieni, a oedd yn byw ar y llawr oddi tani ers i'w gŵr fynd i

Washington, ddychwelyd i Slofenia lle roedd ei *babica*, ei mam-gu, ar ochr ei mam wedi disgyn yn farw, yn llythrennol, ar lawr ystafell ymolchi'r cartref hen bobl yn Ljubljana, a hithau'n gant a thair.

Tynnodd Melania'i llaw dros ei boch: rhaid mai genynnau ei *babica* a'i cadwai hi'n ifanc, meddyliodd, er mai rhyw groen fel rhisgl roedd hi'n ei gofio, a hwnnw ar hen wyneb annhebyg iawn i'w hun hithau. Rhaid bod degawdau ers iddi ei gweld, meddyliodd, ond byddai Babica Amelija yn hen bryd hynny hefyd. A dyna fel y bu erioed, mae'n siŵr. Perthyn i'r hen wlad, i'r hen Ljubljana, roedd hi wedi'r cyfan, yr hen le y penderfynodd Melania o oedran cynnar iawn nad oedd e'n cynnig dim iddi hi. Dewis edrych allan wnaeth hithau, camu'n rhydd o hualau hanes. Dyna'r unig ffordd y gallai osgoi cael ei rhwymo gan yr un awyr, yr un bywyd, ag a roddodd rychau ar wyneb ei *babica*.

Beth bynnag. Roedd hi wedi marw. Dridiau yn ôl, yn y cartref. A'i rhieni wedi dewis mynd yn ôl yno i'r cynhebrwng a'i gadael hi yma ei hun (a Barron, wrth gwrs, gyda'i sgriniau yn yr adain chwaraeon). Anystyriol braidd, meddyliodd Melania.

Tybed beth oedd 'na i bwdin?

Glaniodd ei llygad ar grafiad bach ar y wal rhwng dwy o waliau gwydr anferth y Pentws. Rhedodd ei bys dros yr anffurfiad ac ystyriodd alw am un o'r staff i baentio dros y diffyg. Roedd craidd o staff sylfaenol ar ôl er bod y nifer wedi haneru dros ddeuddydd o ŵyl yn sgil caredigrwydd rhywun er mwyn iddyn nhw gael treulio'u Nadoligau gyda'u teuluoedd hwythau.

Ailystyriodd Melania. Câi'r crafiad fod. Pe bai'n mela â phob anffurfiad a diffyg, pryd y câi hi orffwys byth?

Camodd at y bwrdd rhwng un trefniant o soffas yng nghanol yr ystafell lle roedd ei ffôn personol. Wrth ei godi, ystyriodd ffonio rhywun i ddymuno Nadolig Llawen iddyn nhw – ei mam a'i thad yn Ljubljana efallai. Fe fyddai'n gyda'r nos arnyn nhw bellach, ystyriodd, a'r ddau'n barod am eu gwlâu er mwyn codi'n gynnar i gladdu Babica yn y bore a hedfan yn ôl ati hi yn y prynhawn. Roedden nhw eisoes wedi siarad â hi neithiwr i ddymuno llawenydd yr ŵyl iddi cyn hanner nos, y ddau wedi ymlâdd ar ôl eu taith ar draws hanner wyneb y ddaear.

Daeth atgof diwahoddiad i feddwl Melania a barodd iddi roi'r ffôn yn ôl i lawr ar y bwrdd. Atgof ohoni hi'n ferch ifanc, yn ddim mwy na chwech neu saith, mae'n rhaid, yn dawnsio i'w rhieni a pherthnasau eraill ar noswyl Nadolig, a'r teulu cyfan wedi galw yn nhŷ Babica, i fwyta'r wledd roedd hi wedi'i pharatoi i'w thylwyth. Cas gan ei thad yr holl firi, cofiodd Melania, a'i mam oedd wedi mynnu mynd er mwyn cadw wyneb – 'Dwy awr fan bellaf,' addawodd i'w gŵr. A dyma hi, Melania, yn cael ei galw gan ewyrth neu gefnder i roi dawns, a hithau, fe wyddent, yn cael gwersi dawnsio drud yn ysgol gerdd y ddinas. Cafodd ei thad afael mewn casét addas a'i roi i chwarae mewn chwaraewr casetiau y daethai ei mam-gu o hyd iddo ym mhen draw rhyw gwpwrdd.

Cofiodd Melania droelli ar flaen ei throed, a'i sgert dwtŵaidd yn chwifio'n osgeiddig o'i chwmpas; cofiodd ddal ei breichiau fry ac estyn ei gwddf fel alarch, a blaenau ei bysedd yn prin gyffwrdd â'i gilydd fel eurgylch santaidd uwch ei phen; cofiodd wenau'r bobl, eu llygaid wedi'u hoelio arni, yn ei hyfed i'w

12

hymysgaroedd, wedi'u swyno gan brydferthwch ei dawns; cofiodd y curo dwylo, cofiodd yr ysfa ynddi i redeg allan a hel holl bobl y ddinas i Sgwâr Preseren i'w gwylio'n dawnsio, holl bobl Slofenia, holl bobl y byd.

Cofiodd wedyn sut y clywodd hanner sgwrs rhwng ei modryb Natasa a'i modryb Alenka wrth iddyn nhw adael, a'r un o'r ddwy wedi sylweddoli ei bod hi'n eu dilyn: 'Dangos ei hun, pwy mae'n feddwl yw hi?' cyn i fodryb Natasa droi a'i gweld, a gwthio'r wên fwya a welodd Melania erioed i'w cheg heb roi cymaint â choma rhwng ei geiriau sarhaus a'r cymal nesa: 'Brenhines y ddawns, dyna wyt ti!'

Cododd Melania ei ffôn eto a gwasgu botwm. 'Kelly, edrych i weld be sy ar y fwydlen,' meddai.

Petruso wnaeth Kelly yr ochr draw: 'Ond mae'n ddydd Nadolig,' dechreuodd.

'Ydi, ydi,' meddai Melania'n ddiamynedd. 'Dwi *yn* gwybod hynny.'

'Mae'n ddrwg gen i, Ma'am,' meddai Kelly, a swniai'n edifeiriol iawn hefyd, 'ond os yw'n well gynnoch chi gael yr un fwydlen â sy ym Mar-a-Lago …'

'Ych-a-fi!' torrodd Melania ar ei thraws. Byddai ei gŵr yn gwledda ar ei borthiant arferol o atgasbethau McDiafol, rhai dwbl eu maint am ei bod hi'n Nadolig. 'Na, na,' eglurodd wedyn, 'mi wneith tafell o dwrci a chyfuniad o lysiau'n iawn. Meddwl am bwdin o'n i.'

'Fe ddwedoch chi nad oeddech chi eisiau pwdin Nadolig traddodiadol, Ma'am.'

'Do, do,' meddai Melania'n ddiamynedd, cyn pwyllo: 'Beth yn hollol wnaethon ni gytuno arno?'

'Pavlova,' meddai'r llais. 'Un isel mewn carbo-hydradau gyda chŵli mafon yn lle hufen ...'

'Aha!' ebychodd Melania. 'Ie, wrth gwrs. Tecstia'r rysáit ata i.'

A gorffennodd yr alwad heb ddymuno Nadolig Llawen i'w rheolwr staff.

Unwaith y flwyddyn, ar ddiwrnod Nadolig yn unig, y gadawai Melania iddi hi ei hun gael pwdin, a byddai'n treulio amser yn gweithio ar y rysáit gyda phen-cogydd y Pentws ymhell cyn y diwrnod mawr.

A dyma hi, wedi llwyr anghofio beth roedd hi wedi gofyn amdano. Yr holl baratoi, a hithau'n cofio dim. Digwyddai'n fwyfwy mynych y dyddiau hyn, yr anghofrwydd a'r didorethrwydd. Gwyddai ei bod hi, ar bapur, wedi cyrraedd yr oed hwnnw, oed y drysu a'r chwysu, a'r llifo mawr cyn y sychu. Doedd ei misoedd hi'n gwneud dim synnwyr ers tro byd a hithau'n arfer bod fel watsh.

Ceryddodd ei hun am feddwl am y fath bethau afiach. Doedd merched y Gorllewin ddim yn heneiddio'r un fath â mamau a mamguoedd yr hen wlad: nid sychu wnaen nhw yn y Gorllewin, ond aeddfedu. On'd oedd tystiolaeth y drych yn dangos hynny iddi? Rwyt ti'n ifanc, Melania, mor ifanc ag y buost ti erioed. Celwydd oedd ffigurau, ffeithiau moel y llyfrau a Wikipedia a thudalennau papurau twyllodrus. Yn y drych roedd y dystiolaeth. Weithiau y dyddiau hyn, roedd Melania wedi dechrau meddwl 'Beth os?'. Gêm beryg i'w chwarae yw 'Beth os', fe wyddai hynny'n iawn, ond ni allai atal ei hun. Beth os na fyddai hi wedi dod o Ljubljana, beth os na fyddai hi wedi cystadlu yng nghystadleuaeth Miss Slofenia, beth os na fyddai e wedi bod ynghlwm wrth y pasiant? Weithiau, byddai'n meddwl efallai nad oedd y stori dylwyth teg yn wir, mai breuddwydio roedd hi, cysgu a dychmygu, a'i bod 'nôl yn yr hen wlad wedi'r cyfan yn gweithio mewn cartref hen bobl, neu'n rhoi gwersi dawnsio i ferched bach chwech oed a oedd yn credu eu bod yn dywysogesau am fod pawb yn dweud wrthyn nhw mai dyna oedden nhw, a'u hwynebau'n golur i gyd dan law eu mamau.

Ac efallai ei bod hi, yma *ac* acw: doedd dim pe bai na phetasai, meddyliodd Melania wedyn. Gallai'n hawdd fod fersiwn arall, lawn mor wir, ohoni'n crwydro clybiau nos Ljubljana nawr yn chwilio am dywysog ar ei geffyl gwyn i'w chludo o'r tywyllwch tuag at yr haul, draw tua'r gorllewin.

Hanner awr wedi deg, darllenodd ar ei ffôn. Byddai e ar y cwrs bellach yn ei fygi, yn llosgi calori neu ddau cyn stwffio'r McDiafol Nadoligaidd i'w safn lafoeriog.

Eisteddodd Melania ar soffa yn un o'r pedwar sgwâr o soffas gwag. Ystyriodd ffonio Kelly eto, i ddod i gadw cwmni iddi.

'I be ei di i ffonio Kelly? Mae gen ti fi.'

Trodd Melania ei phen a gweld ei *babica* yn eistedd ar y soffa ar ongl o 90 gradd oddi wrthi. Gwyddai mai ei mam-gu oedd hi er gwaetha'r degawdau a aethai heibio, ac er gwaetha'r ffin anwadadwy oedd 'na rhwng bod yn fyw fel roedd hi a bod mewn arch yn barod i fynd i'r fynwent wrth yr eglwys ger ei chartref ar gyrion Ljubljana, fel roedd ei *babica* Amelija.

Ond roedd y meirw'n dewis y Nadolig i ymweld â'u perthnasau, cofiodd Melania wedyn: neu dyna oedd y goel pan oedd hi'n fach, ac yn perthyn i'r hen fyd a gredai ryw sothach felly. Nid cymaint o sothach wedi'r cyfan, cywirodd ei hun wrth rythu ar y ddynes bitw, grychog, wrymiog, grwm a oedd bron â mynd ar goll ym mhlygiadau'r soffa ar ei llaw aswy. Aeth ias i lawr cefn Melania, a chododd i fynd i eistedd ar soffa arall, yn un o'r tri sgwâr arall, i weld a gâi lonydd rhag rhithweledigaethau Slofenaidd yn y fan honno.

Ond yno roedd hi eto, heb fod i'w gweld wedi symud modfedd, yn eistedd yng nghesail y soffa ar law chwith Melania fel cynt, ond yn y trefniant soffas wrth y ffenestr y tro hwn.

'Nid sothach o gwbl fel gweli di,' meddai'r ddynes fach rychiog. 'A dwed i mi, faint sy ers i ti alw i 'ngweld i? Ugain mlynedd? Deng mlynedd ar hugain?'

'All hi ddim bod yn gymaint â hynny,' ceisiodd Melania amddiffyn ei hun.

Ond doedd gan ei *babica* ddim clustiau i'w hesgusodion. 'Pam oedd yn rhaid i fi farw cyn dy weld di, dwed?'

Teimlodd Melania frath ei cherydd.

'Mae'n anodd,' dechreuodd achub ei cham, 'mae cymaint i'w wneud yma, yn bod yn pwy ydw i.'

'A phwy wyt ti 'te?' prepiodd ei mam-gu.

Teimlodd Melania wayw o anghyfiawnder yn codi drwy ei hymysgaroedd. Roedd hi'n trio'i gorau, yn ymdrechu i fod yn bopeth i bawb, nes colli nabod arni hi ei hun yn aml. Doedd hi ddim yn hawdd bod yn frenhines ar wlad rhywun arall, a cheisio dilyn holl fympwyon brenin nad oedd chwarter call. Credodd, ers blynyddoedd bellach, mai mater o aros oedd hi, amynedd, ac fe gwympai'r das wair yn farw toc a'i gadael hi'n rhydd i flodeuo'n hi ei hun, ond roedd troeon creulon yr yrfa wedi'i roi ar orsedd a gynheuodd ryw hirhoedledd ystyfnig ynddo.

'Ddweda i wrthat ti pwy wyt ti,' rhygnodd y llais fel colfach rhydlyd wrth ei hymyl heb aros am ateb gan Melania. 'Croten fach o Ljubljana a lwyddodd i swyno'i theulu drwy ddawnsio ar noswyl Nadolig, croten fach a hedfanodd tuag at yr haul wedyn. Y drwg gyda hedfan yn dragwyddol tuag at yr haul, wel'di, yw ei fod e'n siŵr o dy losgi di, o grebachu dy gnawd di, o grino dy groen di.'

Edrychodd Melania'n agosach ar fochau ei mam-gu.

'Ie, edrych di. Bywyd yw hwnna, groten, a wneith ei guddio fe dan dy golur di ddim byd ond gwneud mwy o boetsh o beth sy oddi tano.'

Cododd Melania ei llaw heb feddwl at ei boch ei hun.

'Ac nid dim ond haul!' gwichiodd y llais, yn amlwg yn magu hyder wrth weld nad oedd Melania i'w gweld yn dadlau rhyw lawer. 'Ond yr holl aur a wenodd arnat ti o'r gorllewin! Holl aur y byd yn disgleirio'n newydd arnat ti o'r fan hon! Fe est ti'n ddigon agos ato fe, on'd do fe, i weld nad aur yw e o gwbl! Nid aur yw popeth oren, ferch. Does dim rhaid i fi ddysgu hynny i ti, oes e?'

Sut oedd cymaint o gasineb i'w glywed yn llais ei *babica* hi ei hun? Sut oedd hi'n troi arni fel hyn, ar ôl yr holl amser caled roedd hi wedi'i gael? Nid tlodi'n unig sy'n gwneud byw yn artaith, nid gwaith caled: gall bywyd arteithio lawn cymaint pan fo'r cyfan o'ch cwmpas yr un lliw â'r haul, a dim rhaid i chi godi bys bach i wneud dim byd heblaw cadw eich corff yn heini a chroen eich wyneb yn llyfn. A dyma hi nawr yn cael ei llabyddio'n eiriol gan rywun nad oedd hi prin yn ei nabod, rhywun nad oedd wedi ei rhwystro hi rhag estyn am yr haul, rhywun a oedd yn curo'i dwylo lawn mor frwd â'r lleill i gyd pan oedd Melania'n troelli yn ei chwe blwydd a'i thwtw ar lawr anwastad ei chegin orau mewn oes a byd arall.

'Potica!' saethodd Melania ar ei thraed, gan symud yn gynt nag y gwnaethai ers talwm.

'Potica?' holodd yr hen wraig yn syn. Da oedd gallu rhoi olew a dawelai wichian cyhuddgar ei llais, meddyliodd Melania. 'Potica?'

'Ie! Potica!' Trodd Melania ati. 'Ti ddysgodd fi sut i wneud potica!'

'Ma pawb yn gwbod sut i goginio potica,' wfftiodd Babica Amelija.

'Pawb yn Slofenia,' meddai Melania, 'nid pawb yn fan hyn.'

'Feddylies i na fyddet ti ag unrhyw awydd dal dy afael yn y fath atgof,' meddai Babica Amelija yn llai cynhennus bellach.

A doedd Melania chwaith ddim yn deall o ble y daeth yr atgof iddi am baratoi'r pwdin Nadolig. Os pwdin hefyd: roedd potica'n debycach i dorth neu roli poli past cnau o does a llenwad melys, a chanolbwynt gwleddau'r Nadolig a'r Pasg ers canrifoedd.

'Un pump saith pump,' ategodd ei mam-gu. 'Bwyd brenhinoedd yr hen wlad.'

'Ond bwyd i bawb bellach,' meddai Melania, yn ymwybodol iawn nad oedd hi'n frenhines wedi'r cyfan. 'Beth am wneud potica?'

*

Pe bai gan geginau feddyliau, byddai'r un fach ddistadl ond hynod o bwrpasol ar y llawr uchaf, mewn cornel fach y tu draw i ddrws cudd yn wal bellaf yr ystafell fawr, wedi cael ffit biws wrth weld unrhyw un, heb sôn am Felania ei hun, yn camu dros ei throthwy, yn agor y ffwrn fach nad oedd neb erioed wedi'i hagor o'r blaen, ac yn ffonio Kelly i ddod â deunydd coginio potica (nad oedd gan y gegin fach unrhyw *syniad* beth oedd e) i fyny ati: blawd gwyn, burum, menyn, siwgwr, wyau, llaeth, rym, lemwn, diferion fanila a halen ar gyfer y dorth, a chnau Ffrengig, mêl, sinamon, clofs (i'w roi at ragor o siwgwr, llaeth, wyau, diferion fanila, lemwn a rym) ar gyfer y llenwad; a'r offer: powlen, rhidyll, mowld, dwy sosban fach, llwy bren, llieiniau sychu llestri glân a sawl eitem arall. Ychwanegodd Kelly, yn ystyriol iawn, frat bach ffriliog i Melania gael ei wisgo dros ei dillad. Ystyriodd gynnwys llyfr ryseitiau, dechreuodd egluro wrth Melania, ond roedd hi'n gwbl amlwg fod Melania'n gwybod beth roedd hi'n ei wneud – doedd dim angen llyfr ryseitiau.

Diolchodd Melania'n swta i Kelly a'i hysio i gyfeiriad y drws yn ei brys i roi cychwyn arni. Nid oedodd i feddwl lle ar wyneb y ddaear roedd Kelly wedi llwyddo i ddod o hyd i'r holl gynhwysion o fewn hanner awr i alwad ffôn gyntaf ei chyflogwr ar fater y pwdin.

Ymddangosodd Babica eto wedi i Kelly adael Melania yn y gegin fach gyda'i chynhwysion a'i hoffer a'i hawydd am botica.

'Rhaid i ti ofalu rhoi'r blawd drwy'r rhidyll rhag iddo gasglu'n lympiau,' meddai ei mam-gu wrth ei hysgwydd.

'Dwi'n gwbod,' canodd Melania heb gymryd fawr

o sylw. Cofiai wneud potica yn ferch ysgol, cyn iddi roi'r gorau i fwyta er mwyn cyrraedd tudalennau *Vogue.*

A'i *babica* yn trwyna dros ei hysgwydd, aeth Melania ati i ridyllu'r blawd, ac ychwanegu'r halen, cyn toddi'r burum mewn llaeth mewn cwpan. Yna, cymysgodd yr wyau, y siwgwr, y rym a'r fanila mewn cwpan arall, a gratio croen hanner y lemwn i mewn ato. Cynhesodd y llaeth ar y stof a thoddodd y braster o dan y gril. Ychwanegodd y llaeth a'r gymysgedd at y blawd cyn ychwanegu'r burum a'r braster a throi'r cyfan yn does trwchus.

'Ti'n cofio'n syndod o dda,' meddai ei mam-gu, wedi rhoi'r gorau i roi cyfarwyddiadau wrth weld ei hwyres yn gwneud cystal gwaith â'r cynhwysion, yn union fel pe bai hi wedi bod yn gwneud potica bob dydd o'i hoes.

Synnai Melania hefyd. Teimlai fel pe bai'r gallu i wneud potica yn ddwfn yn ei gwaed hi yn rhywle, fel anadlu. Teimlai hefyd fel pe bai hi'n ôl mewn dyddiau eraill mewn cegin arall, yng nghanol hen ddinas bell, a seiniau hen iaith gyfarwydd yn ei chlustiau. Gwelodd ei hun yno, fel nawr, yn pwnio'r toes i wneud pwdin hŷn nag America.

'Paid â'i ladd e,' meddai llais Babica wrth ei hysgwydd. 'Y toes. Cofia am gariad Preseren tuag at Julija, fel cariad y Slofeniaid at eu gwlad, y cariad cadarn sy'n creu, nid yn lladd.'

'Preseren? Julija? Pwy yw'r bobl yma?' holodd Melania gan barhau i bwnio'r toes.

'Preseren. Fe roddodd ei enw i'r Sgwâr yn Ljubljana, siŵr iawn. Mae ei gerddi fe'n llawn o gariad at Julija Primic, ac at Slofenia, nes bod y ddwy yn un iddo. Mae ganddo fe gerdd, yn gofyn beth fyddai wedi digwydd pe bai e heb gael ei ddenu i adael ei wlad.'

'O? A beth fydde wedi digwydd?' holodd Melania, heb fawr o amynedd clywed yr ateb.

'Fe fydde fe wedi cael cariad a heddwch yn ei galon ei hunan yn un peth,' meddai Babica-gwybod-y-cyfan.

'A byw'n dlawd fel llygoden eglwys,' sniffiodd Melania. Roedd ganddi flawd ar flaen ei thrwyn, gallai ei weld wrth gau un llygad, ond doedd hi ddim am dynnu ei dwylo o'r toes rhag gwneud mwy o lanast.

'Ond yn hapus fel y gog,' meddai ei mam-gu heb gael ei llesteirio gan siniciaeth ei hwyres. 'A'r bardd Vodnik wedyn, "Bydd yn falch o dy wlad, Slofeniad, o dy iaith a dy dreftadaeth." Fe wnaeth ysgrifennu am botica gynta ym mlwyddyn ola'r ddeunawfed ganrif.'

'Babica, sycha'r blawd oddi ar flaen 'y nhrwyn i,' gorchmynnodd Melania a'i dwylo yn y toes.

Estynnodd Amelija liain sychu llestri glân a sychu'r blawd. Teimlai Melania'n llai blin o gael ei wared, a dechreuodd drin y toes gydag ychydig bach mwy o anwyldeb.

'Dyna ti,' canmolodd Babica. 'Llawer gwell.'

Llenwodd calon Melania â balchder wrth gael ei chanmol, a methodd â chuddio'r wên a ledodd dros ei hwyneb. Rhyfedd, meddyliodd. Does 'na ddim munud o fy oes dros y deng mlynedd ar hugain a mwy diwethaf pan dwi wedi meddwl am y pethau hyn, a dyma nhw, yn dod 'nôl ata i ar amrantiad, yn gwbl ddiwahoddiad.

Tylinodd Melania y toes â chariad wedyn, yn hytrach na dyrnu'r enaid allan ohono.

Ymhen fawr o dro, roedd hi wedi gosod y dorth o dan y lliain i godi, ac wedi bwrw ati i wneud y llenwad.

Ffoniodd Kelly i ofyn iddi ddweud wrth ben-cogydd y Pentws am adael cinio Nadolig tan ganol y prynhawn. Gwyddai y cymerai oriau eto cyn i'r potica ddod yn barod.

Rhaid ei bod hi wedi eistedd i wneud rhywbeth arall tra bu'r toes yn codi, ond wir, ni chofiai Melania adael y gegin. Ni chafodd lonydd gan ei mam-gu chwaith. Safodd yno wrth ei hochr yn gorchymyn hyn a'r llall tra gweithiai Melania ar y llenwad, ac ar glirio a golchi a sychu'r llestri. Daliai i siarad yn ddi-baid am yr hen wlad, am y bardd hwn a'r llall, am y gwleidydd hwn a'r llall, y cerddor hwn a'r llall, 'nôl, 'nôl ynghanol niwl a llwch a budreddi oren yr hen amser. Y cyfan wedi mynd heibio, fel troi tudalen.

'Mae'n bryd i ti lenwi'r toes,' meddai ei mam-gu.

Cododd Melania gwr y lliain a oedd dros y toes a synnu a rhyfeddu wrth ei weld wedi dyblu yn ei faint mewn hynna fach. Doedd amser ddim fel pe bai e'n bihafio iddi heddiw, fwy nag y gwnâi'r ffin rhwng bodau byw a bodau marw.

'Tân dani, Melania fach,' prepiodd Babica. 'Pwdin Nadolig yw e i fod, ddim pwdin gŵyl San Steffan.'

Taenodd Melania y llenwad dros y toes a rhowlio'r cyfan yn dynn yn ei gilydd cyn ei osod yn y mowld. Priciodd ar hyd y toes a brwsio haen denau o laeth ac wy yn gymysg drosto, a'i adael eto i godi am ychydig tra bu'n clirio'r pethau olaf oddi ar y wyrctop.

Gosododd y mowld ar dun yn y ffwrn.

'Pwy gei di i'w fwyta fe gyda ti?' holodd Babica wrth i'r ddwy eistedd ar bobo soffa gyferbyn â'i gilydd yn yr ystafell fawr wrth aros i'r potica bobi.

'Ti,' meddai Melania ar ôl meddwl am eiliad. 'Os

caret ti. A Barron wrth gwrs. Fe hoffi di Barron,' ychwanegodd heb fod yn berffaith siŵr o wirionedd hynny.

'Ers pryd ma'r meirw'n bwyta?' holodd Babica'n ddidaro. 'Ma'n amser i wedi dod i ben ta beth. Ymweliad ma'r hen air yn ddweud, nid treulio'r diwrnod.'

'Wel, diolch i ti am ddod,' meddai Melania'n ddiffuant. 'Mae hi wedi bod yn brofiad.'

'Profiad da neu brofiad gwael?' Gwenodd Babica Amelija ar anesmwythyd Melania. 'Dwi ddim yn disgwyl i ti ateb.'

Cododd yr hen wraig yn drafferthus o blygion y soffa. Cerddodd draw at Melania â chamau mân, mân. Tynnodd ben ei hwyres tuag at ei mynwes a chusanodd ei chorun.

Clywodd Melania sŵn cloch y ffwrn yn canu i adael iddi wybod bod y potica'n barod. Cododd a gwenu ar ei mam-gu: 'Aros i ti gael ei weld e.'

Rhuthrodd Melania i'r gegin i gwrdd â'r arogleuon hyfryd a ddôi i'w chyfarfod o'r ffwrn. Estynnodd am y faneg ffwrn ac agor y drws.

Tynnodd y tun a ddaliai'r mowld allan, a gallai weld ar unwaith fod ei phwdin wedi'i goginio'n berffaith. Gosododd y tun ar y rhwyll a thapio ochrau'r mowld. Yn ofalus, cododd y mowld a'i droi i'r potica gael llithro allan – fe obeithiai! – yn ddidrafferth ar y rac. Pwyll pia hi, meddai Melania wrthi ei hun. Tapiodd eto ar ochrau'r mowld i ryddhau'r toes ar y tu mewn.

Doedd dim angen iddi boeni. Ymhen eiliadau, gallai glywed y newid yn y sŵn wrth iddi dapio: roedd y potica allan! Gyda'r menig ffwrn, cododd y mowld.

Oedd, roedd y potica'n berffaith!

'Babica, dere i'w weld e!' galwodd, a mynd allan o'r gegin fach i helpu ei mam-gu i gerdded dros lawr yr ystafell fawr i'r gegin.

Ond pan aeth drwy ddrws y gegin, doedd dim golwg o'i mam-gu. 'Babica!' galwodd eto, yn y gobaith y câi ateb. Ond ddaeth 'na'r un. Rhuthrodd Melania o un sgwâr o soffas i'r llall rhag ofn bod ei mam-gu Amelija wedi penderfynu mynd i archwilio'r soffas eraill ac wedi mynd yn sownd rhwng y clustogau neu i lawr yr ochrau neu rywle.

Ond na, roedd Babica wedi mynd. 'Ta ta, Babica,' meddai Melania yn dawel drist wrthi ei hun. Tybed a gâi hi ymweliad Nadolig nesa, neu oedd 'na derfyn ar nifer yr ymweliadau roedd y meirw'n cael eu gwneud?

Aeth yn ôl i'r gegin i edrych ar y potica'n edmygus. Fi wnaeth hwnna, meddai wrthi ei hun wrth deimlo'r balchder yn llenwi ei bron. Cyffyrddodd â blaen ei bys yn y toes: oedd wir, roedd e'n berffaith. Pwdin Nadolig gwell na'r un a gafodd erioed.

Penderfynodd ffonio Kelly i ddod i rannu cinio Nadolig gyda hi, a derbyniodd ei rheolwr staff y gwahoddiad yn ddiolchgar, er bod ychydig bach o syndod i'w glywed ar ei llais. Ffoniodd Melania Barron hefyd, a dywedodd yntau y byddai'n dod y munud y gorffennai ei gêm, pa bryd bynnag fyddai hynny.

Roedd Melania'n edrych ymlaen yn arw iawn at ddweud wrth Kelly bob dim a wyddai am botica a thraddodiadau Slofenia a oedd yn ymwneud â'r pwdin, a'r beirdd a'r cerddorion a'r gwleidyddion y soniodd ei mam-gu amdanyn nhw – pwy oedden nhw i gyd nawr ...?

Rhaid 'mod i wedi cael rhyw fath o epiffani,

meddyliodd darn mwy rhesymegol wrthrychol o ymennydd Melania: bydd raid i fi ddweud wrth Donald.

Ond rhoddodd y gorau i feddwl hynny ar unwaith: fyddai ei gŵr ddim callach beth oedd epiffani pe bai'n ei gnoi e ar ei drwyn.

Tydi Dolig ddim yn Ddolig …

MARLYN SAMUEL

Bai Eleri Davies Jones a Gwen Morgan ydi hi fy mod i'n gorweddian yn fyma ar wely haul. Y nhw sydd ar fai fy mod i'n yfed coctel o flaen pwll yn darllen rhyw nofel geiniog a dima ar ddiwrnod Dolig. Fel arfer, yfed sieri, gwledda ar dwrci a'r trimins i gyd ac wedyn sglaffio Quality Street wrth wylio rhyw ffilm fel *It's a Wonderful Life* o flaen tanllwyth mawr o dân fyswn i. Tasa'r ddwy yna ddim wedi mynd ar fy nerfau i gymaint efo'u hefru a'u brolio diddiwedd mi fyddwn innau adra.

Gadewch i mi esbonio.

Hen noson fudur yng nghanol mis Tachwedd yng nghyfarfod Merched y Wawr oedd hi. Roedd rhyw ferch ifanc o'r ganolfan arddio leol wedi dod draw trwy'r ddrycin i ddangos i ni sut i wneud torch Dolig. Rhyfedd be mae rhywun yn gallu ei wneud efo mymryn o gelyn, pinwydd, coniffer neu ddau a darn o ruban, chwarae teg. Doedd fy ffrind, Lis, ddim yno'r noson honno. Dos mawr o annwyd ganddi, medda hi. Er, rhyngoch chi a fi, dwi'n amau'n gry mai fawr o awydd trampio allan ar noson mor fudur oedd ganddi hi. (Hi oedd galla yn y pen draw.) Dyna sut y landis i yn ista drws nesa i'r ddwy Feri

Crismas, Eleri Davies Jones a Gwen Morgan. Wn i ddim sut mae'r ddwy yn gymaint o lawia deud gwir, a'r ddwy am y gorau i frolio a chael y llaw uchaf ar ei gilydd rownd ril. Ar ddiwedd y noson wrth yfed fy mhaned dyma fi'n clustfeinio ar eu sgwrs.

'Dwi ddim yn gwybod os dwi'n mynd 'ta dŵad. Does 'na gymaint i'w wneud adeg yma'r flwyddyn, does? Dach chi wedi gorffen eich siopa Dolig eto?' gofynnodd Eleri Davies Jones i Gwen. Roedd hi'n amlwg o'r olwg smyg ar ei hwyneb ei bod hi wedi hen orffen, a lapio'r presantau i gyd, ers dechrau mis Hydref.

'*Vouchers* dwi am roi i bawb 'leni,' meddai Gwen Morgan yr un mor smyg. 'Tydi hi'n anodd gwybod be i gael, tydi?'

'Dach chi ddim yn gweld hynny braidd yn amhersonol, dw'ch?' meddai'r llall yn ôl.

'O leia gawn nhw brynu rhywbeth ma nhw isio felly. Yn lle cadw'r presant tan y flwyddyn nesa a'i roi o i rywun arall, neu ei roi o i ryw raffl,' meddai Gwen wrth ei ffrind gan wenu.

Roedd Eleri Davies Jones yn nodedig am ei hailanrhegu. Dwi'n cofio yng nghinio Gŵyl Dewi llynedd, y hi oedd yn gyfrifol am drefnu'r raffl ac mi enillais i focs o bedwar sebon Bronnley, yr union focs roedd Madam wedi'i ennill yn y raffl ddeufis cynt.

Anwybyddodd Eleri sylw Gwen. 'Gŵydd 'ta twrci sgynnoch chi?'

'Gŵydd. Sych fydda i yn gweld twrci fy hun.'

'Dibynnu'n union sut un ydach chi'n ei gael, tydi? *Bronze turkey free-range* fyddwn ni yn ei gael bob blwyddyn. Ma 'na wahaniaeth mawr yn y blas. Ma hi werth talu mwy. Tydi Dolig ddim yn Ddolig heb dwrci.

Dach chi wedi gwneud eich teisen Dolig? Dwi wedi gwneud tair. Dim ond eu heisio nhw dwi angen eto. Dwi'n dal i'w bwydo nhw efo brandi.'

'Does gin i ddim i ddeud wrth ryw hen gacen Dolig. Codi cythgam o ddŵr poeth arna i.'

'Ond tydi Dolig ddim yn Ddolig heb gacen Dolig, siŵr!' ebychodd Eleri wedyn.

'Mi bryna i un fach o Marks ella, ar gyfer pobl sy'n galw.'

'Be am bwdin 'ta? 'Nes i bump 'leni,' meddai Mary Berry ei hun. 'Fydda i'n gneud un bob un i'r genod 'cw, un i Mam ac un i mam Bryn.'

'O, fydda i ddim yn trafferthu gneud un. I be a' i i draffarth i stemio am oriau?'

'Ond does 'na ddim curo rysáit Delia am bwdin na theisen Dolig.'

'Braidd yn *passé* ydi'r hen Delia erbyn hyn, dach chi ddim yn meddwl? Ond ma rysáit sbrowts efo *chestnuts* a *panchetta* Nigella yn anfarwol. Rhaid i chi gael o gen i. Fydda i'n gneud fy saws llugaeron fy hun hefyd, a thri gwahanol stwffin, wrth gwrs. Heb sôn am saws bara.'

'Ow ia. Fydda i wrth fy modd efo saws bara. Fysa Dolig ddim yn Ddolig heb saws bara. Pwy sydd efo chi 'leni? Ma 'na ddeuddeg ohonon ni.'

'Dim ond rhyw ddeg sydd efo ni 'leni. Ma David a Siân a'r plant yn mynd i Mauritius.'

'Lle ma fanno, dw'ch?'

'Ddim yn bell o India.'

'Ow, ryw hen le budur ydi fanno, ia ddim?'

'Wel, ddim yn India ei hun. Gwesty pum seren, ddim llai.'

'Wel, ia, ma gofyn cael yn rhywle fel yna, tydi? Ow, dwi newydd gofio! Dwi angen prynu paced arall o gardiau Dolig. Dwi wedi rhedeg allan. Ma 'na lun bach digon del ar y rhai Merched y Wawr 'ma 'leni, mae'n rhaid i mi ddeud. Fel arfer fydda i'n prynu fy nghardiau Dolig yn y Steddfod. Dyna fydda i'n ei brynu bob blwyddyn yno: copi o'r Cyfansoddiadau, cyfrol y Fedal Ryddiaith, y Daniel a chardiau Dolig. Ond am ryw reswm 'leni, mi fethais i ffeindio'r stondin. Fel arfer yr adeg yma mi fydda i wedi hen orffen sgwennu fy nghardiau i gyd ac yn barod i'w postio nhw. Dwi ar ei hôl hi braidd 'leni.'

'Fydda i ddim yn anfon yr un cerdyn Dolig bellach. Rhoi'r pres tuag at elusen fydda i.'

'Tewch. Fydda i wrth fy modd derbyn cardiau Dolig, dangos bod rhywun yn meddwl ac yn cofio am rywun, tydi?'

'Bob blwyddyn ro'n i'n arfer cael cerdyn Dolig yn ddi-ffael gan Joan, ffrind ysgol i mi. Mi oedd wedi symud i fyw i Basingstoke ar ôl priodi. Ei cherdyn hi oedd y cerdyn Dolig cynta i landio drwy'r post bob blwyddyn, wchi.'

'Pam tydi hi ddim yn anfon un atoch chi rŵan 'ta?' gofynnodd Eleri Davies Jones gan ddyncio ei sgedan Rich Tea yn ddeheuig i'w phaned.

'Wel, fedrith hi ddim yn hawdd a honno wedi marw ers dwy flynedd,' meddai'r llall fel bwled.

Rhoddodd hynny gaead ar biser Eleri Davies Jones am ryw hyd. Ond ar ôl sipian ei the a dyncio sgedan arall, sylwodd ar fy modolaeth a throdd ei gorwelion tuag ata i. Gwenodd arna i'n wanllyd.

'Pwy sydd efo chi Dolig yma 'ta, Mair?'

Ro'n i wedi cael mwy na llond bol o falu awyr a brolio'r ddwy ac mi oedd y frawddeg allan o fy ngheg cyn i mi hyd yn oed ei meddwl hi.

'Neb. Ma Noel a finnau yn mynd i ffwrdd 'leni.'

Rho honna yn dy bibell a'i smocio hi, 'mechan i, medda fi wrtha i fi fy hun.

'I ffwrdd? Ffwrdd i le?' meddai Gwen wedyn yn wyllt. Hithau hefyd wedi hoelio ei holl sylw arna i bellach.

'Tiwnisia,' medda fi, heb droi blewyn.

Yn digwydd bod, ro'n i newydd fod yn siarad efo Grace Hughes yn Morrisons y pnawn hwnnw a honno'n frown fel beran ar ôl treulio pythefnos yn yr haul yn Cape Verde.

'Dach chi'n mynd i ffwrdd? Fyddwch hi ddim adra dros Dolig?' ebychodd Eleri fel taswn i newydd ddatgan fy mod i'n bwriadu ymaelodi â Thystion Jehofa ac na fyddwn i'n dathlu'r ŵyl byth bythoedd eto.

 'Penderfyniad munud ola o'dd o,' medda finnau yn rhaffu mwy o gelwyddau, gan greu twll dyfnach i mi fy hun bob eiliad. Ond ro'n i'n methu stopio fy hun rhywsut. 'Weles i'r gwyliau bendigedig yma ar y we, a dyma fi'n deud wrth Noel, be am i ni fynd i ffwrdd Dolig yma? Mi rydan ni wedi penderfynu dianc oddi wrth yr holl heip a'r straen 'leni. A pan fydd pawb arall yn claddu eu cinio Dolig a gorfod wynebu corpws y twrci neu'r ŵydd, mi fydd Noel a finna ar draeth pellennig yn sipian coctels.'

Ro'n i wedi dechrau mynd i hwyl erbyn hyn. Ro'n i bron iawn yn gallu gweld Noel a finnau'n cerdded law yn llaw ar hyd rhyw draethell euraidd, yr haul yn machlud tu cefn i ni, a'r tonnau'n llepian yn dawel gerllaw. Yn wir, ro'n i bron iawn wedi mynd i gredu'r ffantasi fy hun.

'Braf iawn wir,' meddai Eleri'n gyndyn.

'Ia wir,' ategodd Gwen, yr un mor gyndyn.

Gwenodd y ddwy arna i ar hyd eu tinau, yr anghenfil llygadwyrdd mawr hwnnw wedi meddiannu'r ddwy yn llwyr.

Ar y ffordd allan o'r cyfarfod, daeth gwaedd uchel i 'nghyfeiriad.

'Wyddwn i ddim eich bod chi'n mynd i ffwrdd dros yr ŵyl!' Trodd pennau'r merched i gyd i syllu arna i ar ôl datganiad Miss Olwen Pritchard. Ysgrifenyddes Capel Bethania ydi Miss Pritchard, cyn-brifathrawes sydd wedi ymddeol ers blynyddoedd lawer ond sy'n dal i drin pawb fel disgyblion ysgol gynradd. Ond yn bwysicach na dim, y hi sy'n trefnu'r gwasanaeth bore Dolig. Roedd 'na ryw dinc cyhuddgar yn ei llais. Wel, mwy na thinc a deud y gwir. 'Fyddwch chi ddim ar gael i gymryd rhan yn y gwasanaeth bore Dolig felly. O'dd Eleri Davies Jones yn deud wrtha i rŵan eich bod chi'n mynd ar eich gwyliau.'

Taswn i'n ymuno â harîm fyddwn i'n pechu dim llai.

'Penderfyniad munud ola ydi o,' medda finnau, fel taswn i o flaen prifathrawes yn gorfod esbonio rhyw gamwri mawr. 'Do'n i ddim yn gwybod fy hun tan yn ddiweddar iawn. Yn ddiweddar iawn, iawn, deud gwir wrthych chi.'

A chyn i'r flaenores holi mwy am y gwyliau arfaethedig, sleifiais allan o'r neuadd yn dinfain.

Wrth yrru adref o'r cyfarfod y noson honno, meddyliais be ar wyneb y ddaear oedd wedi dod dros fy mhen i ddeud y ffasiwn beth. Munud wan yng ngwir ystyr y gair. Rhag ofn i chi ddechrau meddwl 'mod i'n un o'r bobl yma sy'n arfer deud celwyddau a chreu straeon, ga i eich sicrhau chi rŵan na fyswn i, fel arfer, wedi cymryd y ddaear o raffu'r ffasiwn gelwyddau. Ond fel deudes i, tasa'r ddwy frolgar yna ddim wedi mynd ar fy nerfau i gymaint efo'u manylion a'u trefniadau Nadoligaidd fyddwn innau ddim wedi deud be ddeudes i.

Ond roedd hi'n rhy hwyr rŵan. Ro'n i wedi agor fy ngheg fawr. Roedd y byd a'i fodryb yn meddwl fy mod i a Noel yn mynd i ffwrdd dros Dolig. Ac wrth feddwl mwy a mwy am y peth, mwya yn y byd ro'n innau yn cynhesu at y syniad. Ond roedd gen i un broblem aruthrol yn fy wynebu i. Sut yn y byd mawr ro'n i'n mynd i berswadio Noel?

*

'Ti'n gall, ddynas? No wê!'

Dyna'r union ymateb ro'n i wedi disgwyl ei gael gan fy annwyl ŵr a ches i mo fy siomi chwaith. Gwyddwn yn iawn fod gen i waith perswadio mawr o fy mlaen.

'Ond meddylia braf fysa fo. Dim o'r holl straen 'na. Dim o'r hwrli mwrli gwallgo.'

'Pa hwrli mwrli, dwa?'

'Wel, y siopa bwyd yn un peth. Dwyt ti ddim yn cofio sut oedd hi'n Tesco llynedd? Methu'n glir â chael lle i barcio, mynd rownd a rownd am oria a chditha wedi mynd i regi. Cwffio am droli wedyn. Pawb yn cythru am y bagiad ola o sbrowts. Wn i ddim i be chwaith. Does 'na neb yn eu licio nhw beth bynnag heblaw dy fam, ac

wedyn 'dan ni'n gorfod diodda ogla ei hen wynt hi drwy'r pnawn.'

'Tydi Mam ddim efo ni 'leni. Ma hi efo Joyce.'

'A ma hynny'n golygu ei bod hi'n haws i ni fynd felly, tydi? Efo ni fydd hi flwyddyn nesa, os byw ac iach, felly fydd hi ddim mor hawdd i ni allu mynd. Ma hwn yn gyfle perffaith.'

'Ond adra ma rywun isio bod Dolig, siŵr.'

'Iawn i chdi, tydi? Cael rhoi dy draed i fyny. Mae'r offis wedi cau am bythefnos gen ti. Cha i fawr o gyfle i roi fy nhraed i fyny, na chaf? Y fi fydd yn slafio yn yr hen gegin 'na. Y fi fydd yn gorfod coginio'r cinio Dolig ac wedyn gwneud y *buffet* Boxing Day ...'

' Ia, y *buffet*. Be am hwnnw? Ma pawb yn arfer dŵad yma Boxing Day, tydi?'

'Yr hen arfer yma! Dwi 'di laru ar yr holl arferion. Meddylia braf fysa cael Dolig hollol wahanol am unwaith. Dianc dramor am tjênj. A tydan ni ddim wedi cael gwylia 'leni, naddo?' medda fi gan edliw eto fyth y camwedd mawr. Ers misoedd lawer bu Noel yn gweithio ar ryw gytundeb enfawr a dim ond yn ddiweddar y cafodd ei gwblhau. 'Mi fysa'n gneud lles mawr i ni'n dau gael teimlo'r haul ar ein cefnau. Gei di ddathlu dy ben-blwydd yn yr haul, yli. Ac mi fasat ti, yn bendant, yn medru gneud efo'r brêc. Ddeudodd y doctor bod dy bwysau gwaed di lot rhy uchel.'

'Ga i frêc 'run fath yn union adra.'

'Ella y cei di, ond cha i ddim, na chaf? Fydd o'n union fatha unrhyw ddiwrnod arall o'r wsnos i mi, bydd, heblaw y bydd o'n golygu lot, lot mwy o waith.'

'Ond ma hi'n ddrud iawn i fynd i ffwrdd dros Dolig, siŵr.'

'Dim llawer drutach, 'sti,' medda finnau gan groesi fy mysedd tu ôl i fy nghefn.

'Ew, dwn i'm.'

Roedd gen i un cerdyn trymp i fyny'n llawes.

'Yli, fedri di ddim gneud hyn adra, wel, ddim yn y tywydd rydan ni yn ei gael Dolig.' A dyma stwffio'r *brochure* gwyliau dan drwyn Noel a darllen y broliant yn uchel: 'Step into a haven of sophistication set along an unspoilt stretch of beach. A stunning 18-hole golf course designed by Robert Trent Jones II irresistibly beckons ...'

Cipiodd Noel y *brochure* o 'nwylo, ei lygaid wedi'u hoelio ar y cwrs golff ysblennydd. Astudiodd y dudalen yn ofalus am yn hir. Daliais innau fy ngwynt.

'Ella dy fod ti'n iawn, 'sti,' medda fo ymhen sbel. 'Mi rydan ni angen brêc ... Bwcia fo.'

O, oedd. Roedd yna sawl ffordd i gael Wil i'w wely, neu'n hytrach, Noel ar ei holides!

*

'Be? Dach chi'n mynd i ffwrdd dros Dolig?' Nia'r ferch oedd ben arall y ffôn yn methu credu ei chlustiau. 'Ond mi fyddwch chi adra ar ddiwrnod Dolig ei hun, byddwch?'

'Na fyddwn. 'Dan ni'n fflio noswyl Nadolig.'

'Noswyl Nadolig? Ond mi rydan ni'n arfer mynd draw at Iestyn a Kate noswyl Dolig.'

'Mi ellwch chi i gyd fynd yr un fath, siŵr. O'dd dy frawd i weld yn dallt yn iawn.'

'Ond fydd o ddim yr un peth heb chdi a Dad. A be am y *buffet* Boxing Day? A fyddwch chi chwaith ddim yn

gallu piciad draw bore Dolig i weld presanta'r plant.'
Roedd y siom yn amlwg yn ei llais.

Ers geni'r wyrion, Non a'i brawd bach Eban, roedd
hi'n arferiad gan Noel a finnau bob bore Dolig, ar ôl
rhoi'r twrci yn y popty, i gerdded draw i gartref Nia,
Trystan ei gŵr, a'r plant am ryw lymaid bach. *Buck's
fizz* i mi a choffi du cryf i Noel ar ôl iddo ei gor-wneud
hi ar y gwin coch yn nhŷ Iestyn a Kate y noson cynt. Yn
fy awydd a 'mrys i fwcio'r gwyliau, doeddwn i ddim wedi
ystyried na fyddwn i'n gallu gweld fy nau ŵyr bach yn
agor eu hanrhegion eleni.

'Mi wnawn ni eich ffêsteimio chi bora Dolig. Ga i
weld eu presanta nhw'r un fath, felly,' cysurais Nia a fi
fy hun yr un pryd.

'Fydd o ddim 'run peth, ond dyna ni, mi wyt ti a Dad
yn haeddu brêc, dim ond biti eich bod chi'n mynd dros
y diwrnod ei hun.'

'Duwcs, un Dolig ydi o, de,' medda finnau'n ysgafn
wedyn. 'Fydd 'na ddigon o rai eraill, siŵr.'

*

Tra oedd Noel yn cario'r ddau gês i fŵt y car, es innau o
gwmpas y tŷ i wneud yn siŵr fod pob ffenest wedi ei
chloi a phob plwg wedi ei dynnu o'r soced yn y wal.
Tarodd fy llygaid ar y gongl wag yn y lolfa. Y gongl lle
byddai'r goeden Dolig, fel arfer, yn cael ei gosod. Eleni,
doedden ni ddim wedi trafferthu prynu coeden na
thrimio'r tŷ. Heblaw am y cardiau Dolig, edrychai'r
stafell yn oer ac yn foel heb y tinsel a'r trimins arferol.
Ond cysurais fy hun na fyddwn i'n gorfod hwfro pinnau
coeden Dolig am wythnosau 'leni.

Wrth yrru ar hyd yr A55 i gyfeiriad y maes awyr bloeddiai Chris Rea y gân 'Driving Home for Christmas'. Daeth yna ryw lwmp rhyfedd i fy ngwddw wrth wrando ar y geiriau pan sylweddolais fod Noel a finnau'n gyrru i'r cyfeiriad hollol groes i fyrdwn y gân. Edrychais i gyfeiriad Noel ac edrychodd yntau arna innau a dechreuodd ganu nerth ei ben, 'Driving away for Christmas'. Chwarddais innau gan feddwl am Gwen Morgan ac Eleri Davies Jones yn chwys domen. Un yn stwffio ei *bronze free-range turkey* a'r llall ei gŵydd.

*

Braf oedd cael ymlacio a gorweddian yn y gwely tan wedi deg ar fore Dolig. Fel arfer, fyddwn i wedi codi cyn cŵn Caer i roi'r twrci yn y popty, paratoi'r llysiau, llowcio cornfflêcs, cael cawod sydyn a rhuthro wedyn i'r gwasanaeth Dolig. Ond 'leni doedd neb na dim yn galw. Dim angen plicio tatws, dim angen stwffio'r twrci, dim angen berwi pwdin, a dim angen golchi llestri! O wynfyd!

Ar ôl clamp o frecwast dyma fi'n ffêsteimio Iestyn a Kate. Newydd godi oedd y ddau a golwg digon llegach arnyn nhw yn dilyn y parti'r noson cynt. Mae'r parti noswyl Nadolig yng nghartref Iestyn a Kate wastad yn sbort ac mi oedd hi'n rhyfedd iawn ein bod wedi ei golli 'leni, rhaid i mi gyfadda. Wnes i ddim siarad efo'r ddau'n hir, roeddan nhw angen gwneud eu hunain yn barod i gychwyn am Amwythig, i dreulio'r ŵyl efo rhieni Kate.

Ffêsteimio Nia wedyn.

'Helô Nain. Lle wt ti?' Syllai wyneb Eban, fy ŵyr

bach pump oed, yn ôl arna i ar y sgrin ar ôl iddo gipio'r *iPad* oddi ar ei fam.

'Dolig llawen, Eban. Ydi Siôn Corn wedi bod?' holais, a'm llais wedi mynd yn gryg mwya sydyn wrth weld y bychan.

'Do! Ges i dractor coch, twlcit Bob the Builder, injan dân Sam Tân a lot, lot o betha eraill ond dwi ddim yn cofio. Ac mi gafodd Non ddol sy'n pi-pi ond tydi hi ddim yn pw-pw 'de. Ma hi fod i grio hefyd. Ac mi nath Siôn Corn yfed ei sieri i gyd ond nath o ddim bwyta llawer o'i fins pei. Ma siŵr ei fod o wedi laru arnyn nhw ar ôl byta gormod. Ond mi wnaeth Rwdolff fyta ei foron i gyd. Pryd ti'n dŵad yma i weld presanta fi?'

'Wsnos nesa, 'ngwas i.'

'Ond ma hynna'n bell, bell i ffwrdd. Tyrd rŵan. Dwi isio i chdi ddŵad rŵan. Heddiw. Gei di ginio efo ni os tisio. Mae'r twrci'n anfarth!'

'Ond fedra i ddim, Eban bach. Ma dy daid a finnau ar ein gwyliau. Ti'n cofio fi'n sôn wrthat ti? Dyna pam gest ti dy bresant Dolig cyn i ni fynd.'

'Ond dwi isio i chdi a Taid ddŵad i chwarae efo fi. Lle ma Taid? Ga i siarad efo fo?'

'Mae o wedi mynd i chwarae golff, 'ngwas i.'

Oedd, roedd Noel yn ei seithfed ne ar y cwrs golff a finnau, i fod, yn f'un innau, yn mwynhau ymlacio'n braf wrth y pwll.

'Heddiw? Diwrnod Dolig? Ond ma hi'n bwrw a chwythu!' meddai'r bychan. 'Taid gwirion!'

Ar ôl sgwrs sydyn efo Nia, Dafydd a Non fach a sgwrs eto efo Eban gan addo dŵad ag anrheg yn ôl iddo fo, camel yn ôl y cais, ffarweliais â'r teulu bach 'nôl yng Nghymru lawog. Cedwais innau fy *iPad* ac estyn fy llyfr.

Ond rhywsut ro'n i'n methu canolbwyntio ar y darllen. Dechreuais feddwl be fyswn i yn ei neud taswn i adra rŵan. Tynnu'r twrci allan o'r popty, cychwyn gwneud y grefi a'r menyn toddi, gosod ac addurno'r bwrdd efo'r cytleri a'r llestri gorau ar gyfer y wledd.

Edrychais o'm cwmpas – dyma beth oedd nefoedd ar y ddaear, meddyliais. Roedd yn gynnes braf, yr haul yn gwenu, ro'n i mewn gwesty crand yn gorwedd ar wely haul o flaen pwll bendigedig. Sisialai'r coed palmwydd yn y mymryn lleiaf o awel gerllaw. Roedd sŵn llepian hamddenol tonnau'r môr yn cwblhau fy mharadwys.

Caeais fy llyfr. Roedd hyn yn ddiflas.

Roedd y *banquet* Nadoligaidd yn y gwesty'r noson honno yn ddi-fai, chwara teg. Bwyta gormod fu'n hanes ni'n dau fel sy'n digwydd efo pob cinio Dolig. Mae'n rhaid i mi ddeud ei fod o'n newid o ista o flaen y bocs yn bwyta brechdanau twrci, a darn o deisen Dolig.

'Be wnawn ni fory?' gofynnais i Noel wrth i ni ymlwybro'n ôl i'n stafell.

''Run peth â heddiw, debyg,' atebodd hwnnw'n swrth.

'Be am i ni fynd am dro?' medda finnau.

'Dwi wedi trefnu gêm o golff fory.'

Ochneidiais. Diwrnod arall wrth y pwll efo fy llyfr i finnau, felly, meddyliais.

*

Wrth i mi orwedd yn fy ngwely'r noson honno i gyfeiliant Noel yn rhochian chwyrnu a sŵn yr *air con*, fedrwn i ddim llai na meddwl pa mor braf fyddai hi i gael bod adra yn fy ngwely bach fy hun. Pwniais Noel.

Trodd hwnnw ar ei gefn a rhyw hanner mwmian.

'Noel?' sibrydais.

'Mmm?'

'Dwi isio mynd adra, Noel,' medda fi yn swnio'n union fel plentyn bach efo coblyn o hiraeth yng Ngwersyll yr Urdd Llangrannog, yn hytrach na dynes chwe deg un oed yn ei hoed a'i hamser.

'E? Be haru ti, ddynes?'

'Dwi wirioneddol isio mynd adra,' medda fi wedyn. 'Tydi Dolig ddim yn Ddolig heb gael bod adra.'

'Callia, wnei di. Tydan ni ond wedi bod yma ddiwrnod!'

'Dwi'n gwbod, ond ma gin i hiraeth.'

'Hiraeth? Hiraeth am be, dwa?'

'Dolig. Dolig adra. Tydi Dolig ddim yr un fath yn fama.'

'Wel, na'di, siŵr dduw. Mi wyt ti mewn gwlad arall yn un peth!' Roedd Noel yn gwbl effro bellach.

Y gwir plaen amdani oedd fod gen i hiraeth am y Nadolig roedden ni'n arfer ei gael bob blwyddyn. Y parti yn nhŷ fy mab noswyl Nadolig. Piciad draw i dŷ fy merch fore Nadolig. Mynd am dro i Landdwyn yn un teulu mawr fore dydd San Steffan cyn sglaffio clamp o *buffet* yn tŷ ni wedyn. Dwi'n gwybod ei fod o'n beth gwirion iawn i'w ddeud, ond wir i chi, mi oedd gen i hiraeth am wydriad o Snowball, tyrchio i dun o Quality Street, ac eistedd o flaen y bocs yn gwylio ffilmiau ro'n i wedi'u gweld droeon o'r blaen. Tydi Dolig ddim yn Ddolig os nad ydych chi'n gwylio *Elf* neu *The Sound of Music* ar y bocs. Doedd hi ddim yn teimlo fel tasa hi'n Ddolig rhywsut yn y gwesty mawr crand, amhersonol yma. Doedd hi ddim yn teimlo fel tasa hi'n Ddolig o gwbl yn yr haul a'r gwres yma. Doedd hi ddim yn teimlo fel tasa hi'n Ddolig o gwbl heb gwmni fy mhlant a fy wyrion.

*

A dyna be wnaethon ni. Cael Dolig adra. Ar ôl i ni landio yn ôl ar ddiwedd yr wythnos i ffwrdd, aeth Noel a finna ar ein penna i'r sêls a phrynu clamp o goeden Dolig artiffisial a bocs mawr o gracers. Dyma ni'n addurno'r tŷ, a rhoi gwadd i bawb o'r teulu draw am ginio Dolig, yn cynnwys Joyce a'i theulu a mam Noel. Twrci a'r trimins i gyd. Pwdin a chacen Dolig hefyd. Y wyrcs! Wel, roedd popeth yn hanner pris os nad llai erbyn hynny, doedd? Roedd pawb wedi gwirioni, yn enwedig Eban.

'Waw! Dau Ddolig!' ebychodd, pan lygadodd y pentwr anrhegion o dan y goeden. Anrheg fach i bawb o Cape Verde oedden nhw wedi'u lapio mewn papur Dolig.

Wrth i ni i gyd ista o gwmpas y bwrdd bwyd, a CD carolau y King's College i'w glywed yn y cefndir, mi fasach chi'n taeru ei bod hi'n ddiwrnod Dolig. Go iawn rŵan. Gwenais yn fodlon. Na, tydi Dolig ddim yn Ddolig heb deulu.

Hogan Panto

JOHN GRUFFYDD JONES

Roedd yn gas gan Wendy Evans wisgo teits, ond erbyn hyn doedd yna ddim dewis arall, ac roedd cuddio'r gwythiennau glas ar ei choesau yn hollbwysig os oedd hi am ddal ei gafael yn ei rhan yn y pantomeim yn Theatr y Central o gwmpas y Nadolig, er mai pechod oedd cuddio coesau mor siapus yn ei barn hi. Dyna fyddai barn Ifor ychydig flynyddoedd yn ôl hefyd, ond nid gwrach oedd hi yr adeg honno, ond angel.

Cerdded yn gyflym i lawr y stryd fawr i gyfeiriad y theatr roedd hi, mymryn o farrug yn rhoi ias i'r bore a phrysurdeb y Nadolig yn dechrau cydio. Goleuadau bach yn wincio mewn ambell ffenestr a chriw yn brysur yn gosod coeden fawr yng nghanol y sgwâr, a llygaid ambell blentyn yn sglein o hapusrwydd. Ond Nadolig o gael a cholli fyddai hwn iddi hi, ac fe fyddai dygymod yn anodd o gofio sawl Nadolig a fu. Roedd y poster yno yn ddigon amlwg i bawb ei weld, a dau neu dri yn sefyllian o gwmpas yn cael cip arno. Arafodd Wendy a rhedeg ei llygaid yn araf drosto nes gweld ei henw tua modfedd neu fwy o'r gwaelod; 'and Wendy Evans as the Wicked Witch', a hynny mewn llythrennau bach du.

41

Neithiwr roedd hi wedi darllen y sgript yn ofalus, ac ychydig iawn o waith cofio oedd ganddi, a bron nad oedd ei symudiadau yn bwysicach na'r geiriau. Sawl gwaith roedd hi i fod i ddweud 'Oh! yes it is', a bron na allai hi glywed hisian y gynulleidfa yn dweud 'Oh! no it isn't', a chwerthin uchel y plant wrth i'r stori ddatblygu ac i'r da ennill y dydd unwaith yn rhagor. Digon prin oedd y chwerthin wedi bod yn ei bywyd hi yn ddiweddar, a wnaeth neb gymryd sylw ohoni wrth iddi frysio i Costa am baned gryf o goffi du wedi tynnu llun o'r poster ar ei ffôn symudol.

Lapiodd ei dwylo yn dynn o amgylch y cwpan plastig a theimlo'r gwres yn treiddio iddynt wrth iddi eistedd wrth y bwrdd bach i un yn y gornel bellaf ac estyn y sgript o'i bag. Peth unig ar y diawl oedd bod yn wrach, ond fe fyddai rheidrwydd arni ddygymod â'r unigrwydd bellach, yn enwedig gan fod Ifor wedi ei gadael. Dant melys fu ganddi erioed, mêl i frecwast a hwnnw wedi ei daenu'n helaeth ar fara gwyn, ond bellach dim ond ambell dro i fymryn o swper roedd hi'n bwyta mêl, a doedd fawr o flas ar hwnnw. Efallai fod hiraeth yn gweddu i wrach. Cymerodd lwnc dwfn o'r coffi ac agor ei ffôn symudol i gael cip arall ar y poster. Enwau cyfarwydd y byd teledu oedd yr enwau bras. Seren rhaglen *The Voice* ac un arall a fu yn agos at ennill *Britain's Got Talent* oedd yr enwau amlwg mewn coch llachar, ond fe wyddai Wendy yn iawn mai peth dros dro oedd amlygrwydd ar boster, a buan iawn y byddai tylwythen deg yn troi yn wrach. Roedd hi wedi bod yno sawl tro. 'Jack and the Beanstalk, starring Wendy Evans as Jack', a'i choesau siapus yn llenwi mwy na hanner unrhyw boster. *Aladdin* yn Llundain a hithau yno dan y goleuadau neon, a chriw yn aros am lofnod wedi'r sioe. Mi oedd hi'n falch o gael cyfle i fod ar lwyfan wedi hanner blwyddyn hesb a gwaith yn brin, er i'w hasiant wneud ambell alwad obeithiol.

Ond ar lwyfan roedd hi i fod, a dyna roedd Ifor wedi ei ddweud, hefyd, heb sôn am ei nain. Pan oedd pethau'n anodd, Nain oedd yn mynnu dod i'r cof dro ar ôl tro a Nain oedd yn dod i'r wyneb wrth i'r coffi ddechrau oeri a magu croen rŵan hefyd. Er mai gwrach oedd ei rhan bellach, efallai y byddai Nain yn falch o hynny hefyd, ond ddim yn hollol fodlon chwaith.

Gwenodd Wendy wrthi ei hun wrth gofio'r Nadolig hwnnw, sawl blwyddyn yn ôl bellach. Nain yn cyrraedd ganol bore Sadwrn a'i gwynt yn ei dwrn a'r glaw mân yn berlau bach gwynion ar y *blue rinse*, niwl o bersawr Evening in Paris yn gwneud ei orau i guddio aroglau wisgi Bell's a Wdbeins a'i llais fel rhwygo clwt. 'Gwranda, hogan, ma gin i newyddion da o lawenydd mawr iti,' a thuthio am y gegin gan obeithio bod paned ar gael cyn eistedd i gymryd ei gwynt. Angylion oedd i fod i sôn am lawenydd mawr, a phrin bod Nain yn angel.

'Pa newydd, Nain?'

'Dwi wedi ca'l gair hefo'r ficar 'na, er na fedra i mo'i diodda hi, a ma hi wedi cytuno, cofia.'

'Cytuno be, Nain?'

'Do's dim isio iti fod yn din y mul 'leni yn y sioe Dolig yn yr eglwys. Wt ti'n falch?'

'Wel ...'

'Dim "Wel" amdani. Gwranda, chdi ydi Mair. Da 'te,' ac estyn am y bocs bisgedi.

Gweud ei gorau i guddio'i siom wnaeth Wendy; wedi'r cyfan roedd bod yn y croen mul yn gwmni i Ianto

43

wedi bod yn dipyn o hwyl, yn enwedig pan wnaeth hi gydio mewn man anffodus cyn cyrraedd y preseb.

Prin gwnaeth hi wenu pan ddywedodd Nain pwy oedd Joseff chwaith – dipyn o lipryn oedd hwnnw, ac roedd Herod yn dipyn mwy o hync, er na wyddai Nain beth oedd ystyr hynny. Sylwi ar ei siom wnaeth honno.

'Dwyt ti ddim yn edrych yn hapus iawn. Be, fasa well gin ti fod yn ŵr doeth a cha'l llian sychu llestri am dy ben?'

Ond mwynhau wnaeth hi, mwynhau'r sylw, y canmol a'r cwmni, diolch i Nain.

Roedd Nain yno amser y briodas hefyd, y *blue rinse* mor amlwg ag erioed ond fod Penderyn wedi cymryd lle Bell's a Chanel wedi curo Yardleys. Ond doedd neb yno wrth i Wendy ddechrau clirio'r cypyrddau wedi i Ifor fynd. Neb i weld y wrach yn colli ei lle am fod yna angel arall wedi dod i fywyd Ifor. Mewn corneli roedd hiraeth yn cuddio, nid mewn dagrau na phwl o iselder, er bod ganddi bryder weithiau fod hen bethau felly yn dechrau cydio ynddi heb iddi ddisgwyl, ond doedd hi ddim am golli dagrau yng ngŵydd neb, beth bynnag fyddai'r dyfodol. Roedd hi'n eitha hoff o'r syniad fod pobl yn ei gweld yn ddynes galed, ac roedd cyfarwyddwr y sioe wedi ei chanmol yn yr ymarferiad cyntaf am ei dawn i greu cymeriad y wrach. Ychydig a wyddai hwnnw o ble roedd y caledwch yn deillio. Diolch nad oedd yna blant i'w brifo yn y gwahanu, ac eto plant fyddai yn ei chasáu yn y panto.

Fe fyddai dechrau gwagio corneli a chypyrddau yn help i gael gwared â'r mymryn hiraeth, a chael mwy o le i'w phethau hithau. Gwasgodd y cwpan a'i adael ar y

bwrdd i rywun arall ei glirio cyn rhoi'r sgript yn ôl yn ei bag a cherdded allan heb i neb gymryd sylw ohoni.

Hen honglad o dŷ hen ffasiwn oedd o, yn union fel pob tŷ arall yn St Mary's Road. Mae'n siŵr mai'r eglwys hynafol ar waelod y stryd oedd yn gyfrifol am yr enw, ond prin iawn oedd y saint ar y stryd erbyn hyn, a fyddai neb yn synnu dim fod gwrach yno hefyd. Cymysgedd o fflatiau oedd sawl tŷ, drysau lliwgar, paent yn plicio, blerwch a thaclusrwydd yn gymysgedd a'r cyfan yn ddarlun perffaith o lwyfan bywyd y gymdogaeth, er nad oedd hi wedi adnabod neb yn iawn, dim hyd yn oed Ifor. Nid nad oedd ganddi ffrindiau, ond byw ymhell ac mewn ardaloedd ffyniannus oedd eu hanes, ac roedd hynny'n brifo Wendy. Ond damia, roedd gwrach i fod i gael ei brifo.

Hances poced o ardd oedd ganddi. Dwy goeden rosod wedi gollwng eu petalau yn glwstwr o feddalwch ddechrau hydref, a'r gwynt main wedi chwythu'r cyfan i gornel bellaf yr ardd fel enfys wedi marw, a gweddillion y lliwiau yn mynnu codi hiraeth arni am y conffeti ddiwrnod ei phriodas. Yfory roedd hi am eu casglu i'r potyn pridd yn y cefn, rhoi ychydig o ddŵr claear arnynt, y diferyn lleiaf o fêl grug a thropyn neu ddau o finegr i dynnu'r persawr allan, ac yna eu gadael wrth ochr ei gwely iddi gael aroglau'r haf ar ganol gaeaf. Fu Ifor erioed yn hoff o rosod – hen blanhigion pigog oedd pob un iddo ef, a hynny er gwaethaf enwau deniadol fel Lovers Meet a Peace, a wnaeth o erioed brynu un iddi chwaith. Ond roedd hi wedi cadw'r labeli yn ofalus. Tybed oedd gwrachod i fod i gael rhosod?

Ei thŷ hi fyddai'r honglad bellach, cyfle i roi stamp ar y lle, lluchio atgofion a rhoi ddoe mewn bagiau elusen cyn meddwl pa liw i'w roi ar ambell ystafell, yn enwedig yr ystafell wely. Doedd gwyn ddim yn gweddu i wrach, lliw priodas oedd hwnnw, er mai celwydd oedd hynny wedi bod, hefyd, er na wnaeth hi erioed ddweud hynny wrth neb, yn cynnwys Ifor. Doedd hi ddim am gael gwared â'r gwely dwbl chwaith, rhag ofn. Roedd gan wrach hawl i freuddwyd. Edrych ar y dresel fawr roedd hi wedi ei wneud wedyn, ac ar y blât hirsgwar oedd ar ganol y silff uchaf. Plât ar ffurf calon a'i henw hithau arni yn y canol rhwng dau rosyn pinc ond bod haul wedi dechrau gwynnu ychydig ar y lliw. Stratford a'r afon yn llyfn, haul Awst yn orchest ac Ifor a hithau law yn llaw yn cerdded y strydoedd. Siop fechan yn llawn o lestri drudfawr a'r blât yno yn tynnu llygaid y ddau, a chyfle i roi enw arni dim ond aros hanner awr. Ifor yn talu pris gwirion amdani a hithau'n cofio sŵn y papur yn crensian wrth i'r ferch ei lapio a'i rhoi'n ofalus mewn bag gwyrdd golau. Pam roedd hi'n cofio lliw y bag heddiw o bob diwrnod?

Ond peth braf oedd cofio ac edrych yn ôl weithiau. Tynnodd y blât yn araf ofalus oddi ar y silff a sylwi ar y llwch oedd arni, a doedd hi erioed wedi gallu dioddef llwch a blerwch. Roedd angen ei golchi. Brysiodd i'r gegin a rhedeg dŵr poeth i'r ddysgl. Roedd ei dwy fodrwy yn sglein yn y dŵr wrth i'r distrych redeg trostynt, a daeth llafn o haul cynnes i lenwi'r ffenestr a lliwiau ei modrwy ddyweddïo yn sbectrwm o liwiau ar ei llaw. Cododd y blât o'r dŵr, ei dal am eiliad yn yr haul cyn ei lluchio'n deilchion ar y llawr. Roedd Ifor yn eitha hoff o Shakespeare yn ystod dyddiau ysgol, ond lliw anlwcus oedd gwyrdd yn ôl pob sôn. Fe fyddai'n rhaid cael rhywbeth i lenwi'r lle gwag ar silff y dresel, a phlygodd yn araf i frwsio'r darnau mân a'u rhoi yn y bag du ar gyfer y sbwriel. Digon annifyr oedd rhoi atgofion mewn bag a diawliodd yn uchel wrth i ddarn bach o'r plât dynnu gwaed o'i llaw. Tybed oedd atgofion yn dechrau dial arni? 'Oh! yes it does. Oh! no it doesn't' a'r geiriau yn atsain yn ei phen. Fe fyddai paned yn cael gwared o'r ias.

Oeri'n fuan wnaeth y baned, hefyd, wrth iddi ddechrau pendwmpian. Fu hi erioed yn un i adael gwaith ar ei ganol nac i lymeitian pan oedd y dydd yn galw, a thaflodd weddill y te llugoer cyn troi at gynnwys ambell gwpwrdd. Roedd aroglau ddoe yn ei ffroenau wrth iddi agor y cwpwrdd, aroglau dillad heb eu defnyddio ers amser, er bod popeth mor drefnus a thaclus. Nid felly roedd ei phriodas yn y dyddiau cynnar, ac nid iaith cariad oedd taclusrwydd. Cofiodd fel y byddai Ifor ar ambell bnawn braf ganol haf yn gafael ynddi'n sydyn, yn ei chofleidio a'i chusanu'n hir a'u dillad yn bentwr blêr ar y llawr wrth iddynt garu'n noeth. Ond pwy fyddai am gofleidio gwrach? Roedd sawl crys o'r eiddo Ifor yn dal yno mor daclus â lliain cymun, a chododd hithau yr un glas golau a'i wasgu at ei grudd a gadael i'r deigryn redeg iddo. Glas oedd hoff liw Ifor wedi bod erioed am mai glas oedd ei llygaid hi. Pa liw oedd llygaid ei gariad newydd tybed? Glas golau oedd lliw ei grys ar ddiwrnod eu priodas hefyd, ac wrth iddi ymestyn i godi'r bag sbwriel sylwodd fod y gwaed wedi dechrau rhedeg ar ei bys unwaith eto a gadael staen coch tywyll ar goler y crys.

Didoli fu ei hanes am ychydig, aroglau Ifor ar sawl ddilledyn, aroglau byw, aroglau caru, aroglau cyffwrdd cynnes wrth iddi wthio ddoe i'r bag a chau y cwlwm yn dynn ar y cyfan. Gair anodd oedd cwlwm wrth iddi roi'r bag yn y gornel yn barod ar gyfer y bore pan fyddai'r fan elusen yn galw a darn arall o Ifor yn diflannu heb ddim i gymryd ei le. Rhyfedd fel roedd cwpwrdd yn gallu dal atgofion. Roedd hi'n dal i allu cofio bore ei phriodas yn dda. Mai yn sglein ar y ffenestri, blodau'r goeden afalau yng ngwaelod yr ardd yn llawn gwanwyn, y gwrid yn goch ar ruddiau ei thad, a Nain yn blasu ei diod cyntaf. Ei mam yn ffysio o gwmpas, a Gwladys, ei ffrind gorau, yn rhadlon a threfnus yn cadw golwg ar bawb a phopeth. Hogan ei thad fu hi erioed, nid nad oedd hi'n hoff o'i mam, ond calon a llygaid ei thad oedd ganddi, ac roedd pawb wedi dweud hynny erioed. Daeth geiriau ei thad ar y bore bach hwnnw yn ôl i gornel ei chof. 'Wyt ti'n hollol siŵr, dwyt?' Dyna roedd o wedi ei ofyn iddi pan wnaeth hi ddweud am ei dyweddïad, rhwbio ei ddwylo fel pob amser pan fyddai rhywbeth yn ei boeni, a wnaeth o ddim llongyfarch chwaith. *Oh! yes I am. Oh! no you're not.* 'Ofni iti gael dy siomi ydw i, cofia. Dim byd arall, hogan.' Roedd o wedi cydio'n dynn, dynn ynddi wedyn am eiliad cyn gadael yr ystafell, ac fe sylwodd hithau ar y mymryn cryndod yn ei lais a'r deigryn bychan yn ei lygad. Wnaeth hi erioed weld deigryn yn llygaid Ifor erbyn meddwl, a doedd hithau ddim am golli dagrau rŵan chwaith er bod gan ferched fwy o hawl i ddagrau na dynion. Neu fwy o hawl i'w dangos yn gyhoeddus, beth bynnag.

Aroglau henaint oedd ar y blanced frethyn fechan yng nghornel y cwpwrdd, a phrin iawn fu'r defnydd ohoni am na wnaeth hi erioed gymryd ati am fod gormodedd o felyn ynddi. Anrheg gan Nansi Parri oedd hi, hen ferch oedd yn bapur bro cyn i neb feddwl am

ffasiwn beth. Galw wnaeth yr hen ferch dridiau cyn y briodas, oglau lafant arni a'i llygaid yn edrych i bobman. 'Clywad dy fod am briodi wnes i, yli,' ac eistedd cyn i neb ofyn iddi. 'Ma Ifor yn hogyn lwcus ar y diawl,' a rhoi winc sydyn. 'Ond paid â rhoi gormod o raff iddo fo, os wt ti'n deall be dwi'n feddwl.' Wfftio'r syniad fu ei hanes ar y pryd.

Roedd hi wedi cadw ei ffrog briodas yn ofalus, rhoi papur sidan amdani cyn ei hongian yn y cwpwrdd a chael cip arni o dro i dro. Doedd ganddi fawr o awydd cael gwared ohoni, er nad oedd fawr o ddefnydd iddi bellach, ac arian ei thad oedd wedi talu amdani. Fyddai rhywun eisiau ffrog briodas ail-law tybed? Yn enwedig un oedd wedi dechrau melynu. Daeth gwên sydyn i'w hwyneb wrth iddi fodio'r defnydd a chofio mai celwydd oedd y gwynder gwreiddiol, er na wnaeth hi ddweud hynny wrth neb. Doedd ganddi ddim hawl i wisgo gwyn ar y bore hwnnw o Fai, ac fe fyddai *off white* wedi gweddu'n well o lawer, fel y byddai un yn gwybod yn dda. Eisteddodd ar ymyl y gwely a rhoi'r ffrog wrth ei hochr a rhedeg ei bysedd yn gyflym dros lyfnder y defnydd. Ble roedd Gwynfor bach erbyn hyn tybed? Wnaeth hi 'rioed anghofio fel y byddai Gwynfor yn edrych arni yn ystod ei blwyddyn olaf yn y coleg. Llygaid mawr brown a llonydd yn dweud mwy na geiriau ac yn cynhyrfu pob nwyd ynddi. Ildio wnaeth hi yn y diwedd ar ôl dawns neu ddwy ddiwedd ei thymor olaf. 'Wnei di aros nes imi orffen coleg?' Roedd hi'n dal i gofio ei eiriau, a mymryn o atal dweud arno wedi iddo ei chusanu yn hir a thyner, ac fe gofiai'r siom ar ei wyneb wrth iddi wrthod. Wnaeth o erioed edrych arni wedyn, dim ond ei phasio heb hyd yn oed godi llygaid.

Roedd defnydd ei ffrog briodas mor esmwyth â chroen Gwynfor y noson honno, a rhoddodd Wendy hi'n ôl yn y papur sidan cyn ei tharo yn y cwpwrdd am nad oedd atgofion yn cymryd llawer o le.

Ar fin gadael yr ystafell oedd hi pan sylwodd ar liwiau'r machlud yn y ffenestr wrth i'r prynhawn gilio dros y ddinas, ac ambell olau neon yn barod i groesawu'r nos. Roedd rhywbeth tawel a bodlon rhwng dau olau bob amser. Estynnodd am y gadair wiail oedd yn y gornel a gwrando'r dydd yn darfod. Drysau'n cau, goleuadau'n diffodd, goleuadau'n dod ymlaen a sŵn traed yn cyflymu ar y stryd. Wrth iddi godi o'r gadair roedd drws y cwpwrdd dillad yn dal ar agor, a rhuthrodd i roi clep galed i'w gau, a damio'r sŵn gwag yr un pryd. Cerddodd yn araf i lawr y grisiau, troi am y parlwr a dechrau darllen y sgript eto.

Ma hi'n Ddolig

NON MERERID JONES

Mewn ymgais wan i gofleidio ysbryd y Nadolig, byddai Enlli'n gosod 'All I want for Christmas' fel larwm ei ffôn ar y cyntaf o Ragfyr bob blwyddyn. Ond pe bai rhywun yn gofyn iddi beth oedd ei hoff gân Nadolig, ei hateb fyddai 'Fairytale of New York' gan fod The Pogues, yn ei thyb hi, yn llawer llai crinj na Mariah Carey. Dyna ddywedodd hi yn ei diod wrth drio creu argraff ar ryw foi o'r enw Tom yng Nghlwb Ifor y noson gynt ar grôl Dolig cymdeithas Gymraeg y brifysgol pan chwaraeodd y DJ glasur Mariah ar ddiwedd y noson. Roedd o'n llawer rhy cŵl i ddawnsio ac roedd hithau hefyd, yn ei gwmni ef. Hipsters a beirdd fyddai'n dewis 'Fairytale of New York' fel eu hoff gân Nadolig fel arfer ac nid oedd Enlli yn hipster nac yn fardd.

'What the hell ...?'

Ymbalfalodd Enlli am ei ffôn dan y cynfasau a'r clustogau a'r cnawd dieithr a byseddu'r sgrin yn drwsgl i roi taw ar y gantores cyn iddi gael y cyfle i udo'r gair 'you'. Hanner awr wedi wyth. Sganiodd yr ystafell i chwilio am ei dillad gan ffieiddio wrth sylwi ar y sach latecs lipa ar y llawr.

'Rhaid i fi fynd,' meddai wrth y corff o dan y cwilt.

51

'What?' mwmiodd yntau.

Buasai'n taeru eu bod wedi cyfathrebu yn Gymraeg neithiwr.

'I have to go. Bye, Tom.'

'Tom?' Trodd yntau i edrych yn syn ar ei gariad unnos ond cyn iddo gael cyfle i'w chywiro ac i ofyn am ei rhif ffôn, roedd Enlli wedi crafangu yn ei chlytsh a chipio'i sodlau a'i heglu hi o'r ystafell fel cath i gythraul. Wnaeth hi ddim trafferth chwilio am yr het Siôn Corn ffendiodd hi ar lawr y clwb a oedd wedi'i smentio ar ei phen hi erbyn diwedd y noson. Sleifiodd yn dawel bach ar hyd y landin rhag ofn iddi ddod i gwfwr ei gyd-letywyr. Ystyriodd ei mentro hi i'r lle chwech yn sydyn i gael gweld sut olwg oedd arni ond wrth iddi unioni ei ffrog ar dop y grisiau, clywodd sŵn traed. Clustfeiniodd. Gwelodd siapiau a chysgodion yn nesáu yng ngwydrau barugog y drws ffrynt a chlywed goriad yn troi yn y clo. Rhegodd dan ei hanadl. Doedd ganddi nunlle i guddio. Ceisiodd ymbaratoi ar gyfer y lletchwithdod anochel. Gafaelodd yn sownd yn y banister a daliodd ei gwynt wrth wylio'r dieithryn yn straffaglu i gicio'r drws yn agored efo torth dan ei geseiliau a pheint o lefrith a sudd afal Tesco Value yn ei ddwylo, a'i drowsus pyjamas blêr yn disgyn yn llac rownd ei ben ôl.

'Who ...?'

Syllodd y dieithryn ar Enlli gan stydio ei phryd a'i gwedd o'i sawdl i'w chorun. Ymddangosodd ei fêt y tu ôl iddi o'r gegin. Cilwenodd y ddau'n ddireidus ar ei gilydd. Safodd hithau yn stond yn ei *bodycon* coch am eiliad hir fel y llwynog yng ngherdd R. Williams Parry cyn ei gluo hi heibio'r ddau foi fel seren wib.

'Walk of shame!' cellweiriodd y ddau gan biffian

chwerthin yn blentynnaidd wrth i'r drws gau'n glep ar ei hôl hi.

'Stride of pride, actually,' meddai hithau yn amddi-ffynnol ond heb arlliw o argyhoeddiad. Pan ddeffrodd Enlli y bore hwnnw mewn ystafell chwyslyd a oedd yn drewi o alcohol ac edifeirwch, doedd 'Tom' ddim hanner mor ddel ag yr oedd y noson gynt ar ôl chwech dybl fodca a thri Jägerbomb. Ond doedd ganddi ddim cywilydd ei bod hi wedi mynd adra efo'r boi chwaith. Duw, ma hi'n Ddolig, meddyliodd. Mi wnaeth o'r tro fel *rebound*.

Brasgamodd yn igam-ogam i lawr Heol Monthermer a Heol Crwys gan ddawnsio dros y gwydr a oedd yn deilchion ar hyd y pafin. Gollyngodd ei chlytsh am eiliad i roi ei sodlau am ei thraed cyn camu i'r Co-op ar gornel y stryd i brynu sudd oren, Pringles a rhôl facwn seimllyd o'r cownter poeth i sortio'r pen mawr. Roedd ei cheg yn sych grimp fel petai hi wedi bod yn cnoi blawd drwy'r nos. Llyncodd y sudd oren yn awchus wrth drotian yn simsan yn ei sodlau i fyny Heol Woodville.

'Bron â chyrraedd. Ddim yn bell rŵan,' meddai wrthi hi ei hun gan duchan. Gwelodd yr hofel yn y pellter. Er bod yr oerfel yn gafael y bore hwnnw ac yn dod â chryndod i'w dannedd ac yn brathu ei chnawd, roedd Enlli'n chwys doman erbyn cyrraedd pen y stryd. Roedd hi'n andros o job bwyta ac yfed a chario bag ac unioni ffrog a oedd yn codi'n uwch ac yn uwch fesul cam wrth drio cerdded mewn sodlau heb faglu a throi troed, neu lithro ar ddeiliach a barrug a oedd yn garped peryglus ar y pafin anwastad.

Cyn croesi'r lôn am Heol Colum, stwffiodd Enlli'r rhôl facwn i'w cheg i ryddhau ei dwylo, rhoddodd y

Pringles dan ei cheseiliau ac estynnodd ei ffôn o'i chlytsh i weld faint o'r gloch oedd hi. Deng munud i naw. Roedd ganddi awr a deng munud i folchi a newid a dod ati ei hun cyn y seminar llenyddiaeth. Roedd hi rhwng dau feddwl a ddylai fynd neu beidio. Roedd hi heb ddarllen y testun gosod, *Monica*, ac roedd isio mynadd trafod Saunders efo homar o gur pen. Craffodd ar ei hadlewyrchiad yn nüwch sgrin ei ffôn. Roedd colur neithiwr yn glais ar ei hwyneb a doedd 'na'm siâp mynd i nunlle arni heblaw am ei gwely. Tynnodd ei sodlau wrth nesáu at y tŷ a mwynhau oerni'r stepen drws dan ei gwadnau. Sodlau blydi Primark, meddyliodd. Chwiliodd am ei goriad yn ei bag gan weddïo ar bob duw yn hanes crefydd nad oedd hi wedi ei anghofio yn nhŷ 'Tom' a'i fêts fel y tro diwetha 'na. Rhyddhad – roedd y goriad yn y bag. Panig drosodd. Agorodd y drws a llusgo'i thraed llawn swigod i fyny'r grisiau i'w llofft. Lluchiodd ei chorff ar ei gwely a gorwedd am bum munud yn syllu'n ddifynegiant ar y llyfr ar ei desg. Gafaelodd yn y llyfr gan fodio drwyddo yn ddiamcan. Roedd ganddi ryw go' bod y darlithydd wedi dweud wrthynt y byddent yn gorfod ysgrifennu traethawd am y llyfr hwn dros y Nadolig. Ar ôl pwyso a mesur egrwydd yr hangofyr a phwysigrwydd llwyddiant academaidd a'i dyfodol, penderfynodd Enlli ei bod am fynychu'r seminar. Roedd hi yn ei thrydedd flwyddyn, felly roedd y pethau 'ma'n cyfri bellach. Diosgodd ei ffrog staenedig a lapiodd dywel glân amdani. Estynnodd ei siampŵ a'i chyflyrydd a'i stwff ogla da cyn camu i'r gawod i olchi'r nos oddi ar ei chorff.

*

'... mi wyddwn nad fy nglendid na'm serch i chwaith oedd yn dy ddal di wrthyf ers tro hir, ond yn unig diogi a hen arfer.'

O mam bach, am boring. Dylyfodd Enlli ei gên, roedd hi'n difaru mynd i'r seminar yn syth.

'Ga i weld dy nodiada di?' sibrydodd Enlli wrth ei ffrind yn y rhes o'i blaen.

'Dwi heb ddarllen y llyfr chwaith,' sibrydodd Meinir yn ôl. Un dda oedd Meinir. Roedd Enlli'n gallu dibynnu ar Meinir i fod yr un mor anobeithiol a chwit-chwat â hi ac roedd hi'n hynod falch o weld nad hi oedd yr unig un a oedd yn dioddef ar ôl y crôl. Roedd golwg y diawl ar Meinir. Roedd hi'n gwisgo'r un siwmper Dolig hyll ag yr oedd hi'r noson gynt ac roedd ei gwallt yn gaglau i gyd a'i chorun yn wyn dan drwch o *dry shampoo*. Trodd Meinir at y ferch y drws nesa iddi.

'Hei, Llinos. Ti 'di gneud y gwaith?' Wrth gwrs fod Llinos wedi gwneud y gwaith. Roedd hi wedi dod yn un o ffefryts yr adran ers iddi ennill Coron yr Urdd ym mis Mai ac yn un o'r etholedig rai a gafodd y fraint o eistedd wrth fwrdd y darlithwyr yn nathliad Nadolig yr adran yr wythnos gynt. Meddyliodd Enlli bryd hynny fod yr adran ychydig bach fel y Ffri Mêsns, ond yn llai cynnil. Wysg ei thin, fe ddangosodd Llinos ei nodiadau i Meinir ond cyn i Meinir gael y cyfle i basio'r wybodaeth ymlaen i'w ffrind, dechreuodd y darlithydd draethu eto.

'... Tegan oeddit i mi. 'Cherais i monot ti'n onest erioed ...'

Estynnodd Enlli ei ffôn o'i bag yn slei bach a dechrau sgrolio drwy ei negeseuon o dan y bwrdd. Gwelodd fod ganddi lwyth o negeseuon 'Lle t????' heb eu hateb ar ôl diflannu efo'r boi 'na neithiwr. Roedd hi'n amlwg wedi trio ymateb i'r negeseuon y noson gynt ond yn hynod falch na wnaeth hi bwyso 'send' gan nad oedd hi wedi llwyddo i sillafu'r un gair yn gywir na chreu'r un frawddeg gydlynus. Credai y byddai ei ffrindiau wedi poeni yn waeth o dderbyn rwdl-mi-ri o lythrennau a symbolau digyswllt.

'Shit,' meddai dan ei gwynt ond yn ddigon uchel nes peri i'r darlithydd stopio yn ei dracs.

'Popeth yn iawn, Enlli?' holodd yn nawddoglyd. Doedd Enlli ddim yn licio'r dyn o gwbl.

'Yndi,' rhaffodd hithau. Doedd pethau ddim yn iawn. Wrth sgrolio drwy'r galwadau a fethodd, gwelodd ei bod wedi torri ei rheol ei hun. Pum galwad nas atebwyd a dwy neges feddw: 'Caru chdi' a 'Sori'. Roedd o'n amlwg wedi derbyn a darllen ac anwybyddu'r negeseuon gan fod dau dic bach glas wrth eu hochr. Ceisiodd Enlli gofio pryd yn union y collodd ei phen ar y crôl – cyn cyfarfod 'Tom' 'ta ar ôl cyfarfod 'Tom'? Pan drodd y darlithydd ei gefn i ysgrifennu rhywbeth ar y bwrdd gwyn, gwelodd Meinir gyfle i droi at ei ffrind.

'Ti'n iawn?' ystumiodd arni gan godi ei bawd a'i haeliau i fynegi ei chonsýrn. Ysgydwodd Enlli ei phen.

'Duda wrtha i wedyn, iawn?' meimiodd Meinir wrth i'r darlithydd droi'n ôl i wynebu ei gynulleidfa anfoddog.

*

'Four sixty, please, luv.'

Roedd Enlli ar fin dweud 'Cheers, drive' wrth y gyrrwr tacsi fel petai mewn episod o *Gavin and Stacey*, ond bodlonodd ar 'thenciw-diolch' syml wrth gamu'n drwsgl o'r car. Doedd ymadroddion y de-ddwyrain ddim yn swnio'n iawn yn ei hacen gogledd-orllewin hithau. Clepiodd ddrws y tacsi, lluchiodd ei bag gliniadur dros ei hysgwydd a llusgo ei chês trwm i'r stesion. Roedd y cês yn llawn dillad budr a llyfrau. Ers tair blynedd bellach, roedd traethodau ac arholiadau mis Ionawr yn gwmwl du ar y Nadolig. Edrychai Enlli ymlaen at y dydd y gallai adfeddiannu'r ŵyl fel gŵyl ddidraethawd. Ond er gwaethaf y llwyth gwaith, llwyddai i fwynhau'r satwrnalia bob blwyddyn. Ar ei phen-blwydd yn ddeunaw, dysgodd beth oedd gwir ystyr y Nadolig. Ers hynny, byddai'n mynd allan ar nos Wener Wallgo, yn mynychu Sesh San Steffan ac, wrth gwrs, y Pnawn Siampên ar yr wythfed ar hugain o Ragfyr.

Roedd Enlli'n cael ei phen-blwydd ar y nawfed ar hugain o Ragfyr ac arferai feddwl ers talwm fod y dyddiad hwn yn ddyddiad ocwyrd gan nad oedd neb awydd dathlu rhwng y cyfnod purdanaidd hwnnw rhwng y Nadolig a'r flwyddyn newydd. Felly, ar gyrraedd ei phen-blwydd yn ddeunaw, penderfynodd y byddai'n ei ddathlu ar nos Galan. Yn ei naïfrwydd, dychmygai fod y noson hon yn noson ddelfrydol i ddathlu pen-blwydd gan y byddai pawb yn siŵr o fod allan yn ffarwelio â'r hen flwyddyn ac yn croesawu'r flwyddyn newydd. Ond buan y sylweddolodd ei bod hi'n amhosibl i unrhyw un call fwynhau'r noson honno. Roedd y pwysau'n ormod ac roedd gan bawb ormod o ddisgwyliadau. Siom enbyd i Enlli oedd sylweddoli nad oedd neb yn dathlu'r noson hon yn y dre drwy wisgo glityr, snogio'n wyllt am hanner nos a gwlychu dan gawod o siampên a chonffeti fel gwesteion partïon Mr Gatsby. Y realiti digalon oedd jwg o rywbeth glas yn

Wetherspoons i danio'r noson – ac roedd hynny fel trio tanio coelcerth efo priciau tamp – cyn mynd ar daith igam-ogam o un dafarn i'r llall a phob un yn dangos rhaglen ddiflas Jools Holland ar deledu bach yn y gornel. Pwl o banig am hanner awr wedi un ar ddeg – 'Lle'r awn ni am y *countdown*? Castle 'ta Boathouse?' – a chyd-drafod yn y glaw am bum munud cyn penderfynu nôl mwy o bres 'rhag ofn' o'r twll yn y wal a'i baglu hi i fyny'r stryd i'r dafarn dros y ffordd i'r siop cibáb. Ar ôl y noson honno, penderfynodd Enlli na fyddai'n trafferth mynd allan nos Galan byth eto ac y byddai'n dathlu ei phen-blwydd ar yr wythfed ar hugain o hynny ymlaen. A beth bynnag, hwn oedd y diwrnod pwysicaf yn almanac y dre ers yr wythdegau, pan benderfynodd perchennog y dafarn droi gwerthu hen stoc o siampên yn draddodiad ac yn ddigwyddiad blynyddol pwysicach na'r Nadolig ei hun.

Oedd, roedd hi am fynd i'r Pnawn Siampên eleni hefyd. A byddai'n siŵr o'i weld o yno. Yn sicr, doedd hi ddim am aros gartref o'i herwydd. Doedd hi ddim wedi gwneud dim o'i le – dim ond ei garu yn fwy nag y dylai. Wrth dalu am frechdan twrci, stwffin a llugaeron Nadoligaidd o Marks a oedd yn ymddangos yn addawol ond yn siŵr o fod yn siomedig, ymgollodd mewn ffantasi. Dychmygai gamu dros y trothwy i'r dafarn yn ei dillad gorau, ei cholur yn berffaith a'i gwallt yn bihafio am unwaith, a gweld ei wyneb mewn môr o wynebau wrth y bar yn ceisio dal ei llygad. Dychmygai ei fod yntau'n difaru ac yn hiraethu amdani a hithau'n ei anwybyddu, yn cerdded yn dalsyth at ei ffrindiau heb ei gydnabod. Dychmygai ei gwallt hir yn ei chwipio wrth fynd heibio a'i sent yn chwythu fel awel o'i gwmpas ac yn ei yrru o'i go'. Tarfwyd ar ei meddyliau dialgar gan lais benywaidd cyfarwydd.

'The next train to depart from platform two will be the 13:21 Arriva Trains Wales service to Holyhead …' Edrychodd ar y cloc uwch ei phen. Roedd ganddi ddeng munud i'w sbario. Brasgamodd i WH Smith i brynu rhywbeth i'w ddarllen. Ystyriodd brynu copi o *Private Eye* ond doedd hi byth yn dallt pob jôc yn y cylchgrawn hwnnw gan fod y jôcs mor Llundeinig. Fel arfer, byddai'n prynu copi o *The Guardian* (dim ond pan fyddai'n teithio ar drên) i ddangos i bawb ei bod hi'n leffti deallusol ond roedd hi wedi cael llond bol ar eu herthyglau *Daily Mail*-aidd am Gymru. Aeth heibio'r papurau Prydeinllyd at y silffoedd llyfrau ond doedd dim un o'r llyfrau Penguin Classics yn dal ei sylw. Aeth yn ôl at y silffoedd cylchgronau. Dim byd. Ond roedd hi'n benderfynol na fyddai'n treulio pedair awr ar y trên yn sbio ar ei ffôn. Er ei bod hi wedi ei ddileu fel ffrind ar Ffêsbwc, byddai'n busnesu'n fasocistaidd ar ei dudalen o dro i dro i weld a oedden nhw'n dal efo'i gilydd. Cofiai mor hallt oedd gweld llun ohoni'n gwisgo ei hoff grys pêl-droed fel coban, yn union fel y byddai hithau'n ei wneud. Roedd y llun yn cadarnhau yr hyn a wyddai yn ei chalon. Roedd hi wedi cael ei disodli.

Gadawodd Enlli'r siop yn waglaw. Dim ond tri munud oedd ganddi i gyrraedd y platfform.

'Tickets, please.' Chwiliodd drwy'i phwrs a phocedi ei chôt yn orffwyll cyn dod o hyd i'w thocynnau ym mhoced tin ei jîns a'u cyflwyno'n ffwndrus i'r ddynes awdurdodol wrth y giât. Straffaglodd drwy'r giât a honno'n cau ar ei chês hi cyn baglu i fyny'r grisiau efo'i bagiau. Gwelodd fod y trên wedi cyrraedd y platfform yn barod. Pan gyrhaeddodd Enlli dop y grisiau, ceisiodd ymestyn handlen y cês unwaith eto i'w lusgo yn hytrach na'i gario ond roedd yr handlen yn sownd. Clywai lais ei mam yn dweud 'Mwya'r brys, mwya'r rhwystr!' mewn tôn 'Ddudish i, do?' Chwalodd ton o ryddhad drosti pan welodd fod pobl yn dal i giwio i fynd ar y trên. Ond buan y trodd y rhyddhad yn rhwystredigaeth ar ôl cyfri'r cerbydau. Trên dau gerbyd ar ddiwrnod olaf y semester – y dydd Gwener olaf cyn y Nadolig. *Cry me Arriva*, meddyliodd Enlli wrth edrych ar yr haid o bobl yn sgathru am ddrysau cul y ddau gerbyd. Roedd hi fel ffair yno. Roedd yn gas gan Enlli Margaret Thatcher ond byddai'n aml yn meddwl amdani wrth gamu ar drên gorlawn a gweld pobl hunanol yn rhoi eu bagiau ar seddi gwag. 'There's no such thing as society,' meddai Thatcher ac mor wir oedd hynny ar drên dau gerbyd o Gaerdydd i Fangor. Atseiniai'r dyfyniad hwnnw yn ei phen wrth iddi grwydro o un cerbyd i'r llall yn chwilio am sedd. Y freuddwyd oedd dod o hyd i sedd efo bwrdd ond breuddwyd gwrach oedd y fath foethusrwydd y diwrnod hwnnw. Yn union fel y tro diwetha, gorfodwyd iddi eistedd ar ei chês y drws nesaf i'r lle chwech nes iddi ddechrau gwagio.

'Ty'd lawr i blicio'r tatws 'ma!'

Roedd ei mam dan straen. Roedd hi wedi gwneud y mistêc o roi gwahoddiad i Nain Llanbedrog, Taid Dre ac Yncl Ger i ddod draw am ginio. Doedd gan Enlli ddim llawer o fynadd efo Yncl Ger. Ar ôl sawl affêr a phlentyn llwyn a pherth efo barmêd o Nefyn, mynnodd ei wraig hirymarhous gael ysgariad ac roedd o bellach yn byw fel hen lanc mewn fflat bach uwchben y londrét yn y dre. Ond er ei fod yn rwdlyn ac yn gi drain yng nghrafangau ei fidleiff creisus, roedd yn gas gan ei mam feddwl am ei brawd yn y fflat bach 'na ar ei ben ei hun ddiwrnod Dolig.

'Iaaawn, Maaam,' gwaeddodd Enlli'n ddiog. Gorweddai ar ei gwely yn y dresin gown newydd a gafodd gan Siôn Corn, ei gwallt gwlyb yn gwlychu ei chlustogau a'i chroen yn ogla fel y Body Shop ar ôl ymdrochi yn yr holl *bath bombs* a gafodd gan berthnasau nad oedd yn eu hadnabod yn dda iawn.

Cododd ar ei heistedd ac edrych ar ei ffôn. Neges gan ei brawd mawr, Ifan: 'Nadolig llawen o Awstralia!' a llun ohono yn frown fel cneuen yn mwynhau barbeciw yn yr haul gyda chriw o bobl ifanc eraill. Er bod Ifan wedi teithio'n eang, doedd ganddo ddim dreds na phâr o drowsus lliwgar, llac o Gambodia na breichled rownd ei ffêr – yn amlwg, roedd o heb gael ei ddeffroad ysbrydol ar ei drafals eto. Cenfigennai wrth ei brawd. Braf arno yn Awstralia. Doedd o ddim yn gorfod plicio tatws na threulio'r pnawn efo Yncl Ger. Ac eto, ni allai Enlli ddychmygu fod yn nunlle heblaw adra dros y Nadolig. Eisteddodd wrth erchwyn ei gwely am sbelan yn gwrando'n ddedwydd ar ei mam yn canu'n braf efo'i radio digidol newydd yn y gegin. Er pan oedd hi'n ferch fach yn coelio yn Siôn Corn, byddai Enlli wrth ei bodd yn eistedd ar y grisiau yn gwrando ar ei mam yn canu hen garolau i gyfeiliant grwndi'r popty ac ogla Dolig yn llenwi'r lle. Cofiai'r wefr ddiniwed o baratoi gwydriad o lefrith a phlatiad o fins peis i Siôn Corn a moronen i'w garw a'u gosod yn dwt wrth ymyl y lle tân cyn mynd i

orweddian am oriau yn gwrando'n astud am sŵn traed
y dyn ei hun. Cofiai'r dryswch o glywed drws y garej a
drws y gegin yn gwichian am dri y bore. Onid trwy'r
simdde roedd Sion Corn a'i geirw'n dŵad i'r tŷ?

'Enlli! Ty'd i lawr i blicio'r blincin tatws 'ma!'

Ochneidiodd Enlli wrth glywed ei rhieni yn cega ar
ei gilydd am fod rhywun wedi anghofio prynu sos
llugaeron. Clywai ei mam yn siarsio ei thad i fynd i
Spar cyn i'r siop gau am hanner dydd, ei thad yn rhegi
ac yn cau'r drws yn glep ar ei ôl. Rhyfedd sut mae un
cinio dydd Sul dros ben llestri yn creu ffasiwn straen
bob blwyddyn, meddyliai.

Ddeuddydd cyn y Nadolig, aeth Enlli a'i mam rownd
pob siop yn y dre i chwilio am Y Twrci Perffaith, sef
twrci canolig am bris rhesymol. Fel hyn oedd hi bob
blwyddyn acw, dim twrci tan y funud olaf. Roedd y dasg
amhosibl o ffendio'r Twrci Perffaith ar y trydydd ar
hugain o Ragfyr yn un a haeddai ei lle ymhlith
anoethau Ysbaddaden Bencawr. Ond trwy ryw wyrth
Nadoligaidd eleni, daethant o hyd i'r twrci perffaith yn
syth. O'r diwedd, gallai Enlli ateb y cwestiwn diflas
hwnnw y byddai pobl yn mynnu ei ofyn yn y stryd bob
blwyddyn – 'twrci ffresh 'ta un 'di rhewi?' – twrci wedi
rhewi, naw pwys ac o Tesco.

Ar ôl gwneud job sâl o blicio'r tatws, aeth Enlli yn
syth at y soffa i orweddian o flaen y teledu â bocs o
Quality Street. Roedd Dolig eleni yn troi o gwmpas y
rhaglenni yr oedd hi wedi'u marcio yn y *TV Times* a
sglaffio siocled nes ei bod hi'n teimlo'n sâl. Claddodd y
caramels a'r tryffls gan adael y papurau gwag yn y bocs
ymhlith y gwrthodedigion fel y toffis a'r cyffug. Dododd
ei gliniadur ar ei glin a mewngofnododd i'w chyfrif

Ffêsbwc o ran 'myrraeth. Gwelodd fod ganddi gais ffrind.

'Pwy ar y ddaear ydi James o Cardiff Met?' Craffodd ar y llun. 'O. "Tom".' Sut ddiawl oedd hwn wedi ei ffendio hi? Anwybyddodd y cais. Sgroliodd i lawr ei 'ffrwd newyddion' i weld sut Ddolig roedd y byd a'r betws yn ei gael. Gwelodd lwyth o luniau anniddorol o blant anniolchgar ar goll mewn papur lapio o dan y goeden. Gwelodd fod nifer o gyplau wedi dyweddïo. Am ddiddychymyg, meddyliodd. Parhaodd i sgrolio. Llwyth o bobl yn hefru fel beirdd am wir ystyr y Nadolig heb wybod stori'r Geni'n iawn: 'Jesus would turn in his grave'. Eraill yn cwyno am gyfalafiaeth a phrynwriaeth ar ôl gwirioni efo hysbysebion sentimental John Lewis. Ambell fôr yn pontifficeiddio fel Bob Geldof am dlodi ac yn brolio eu bod hwythau wedi rhoi pres i elusennau yn hytrach na phrynu cardiau Dolig, mewn ymgais i bigo cydwybod eraill er mwyn lleddfu eu cydwybod hwythau. Sylwodd Enlli fod un o gyfeillion ei mam, Nerys – snoban o'r radd flaenaf – wedi rhannu erthygl yn canmol pobl dda a fyddai'n gwirfoddoli mewn lletai digartref dros y Nadolig. 'Mae angen inni i gyd fod yn debycach i'r gwirfoddolwyr hyn. Dyma beth yw gwir ystyr y Nadolig.' Dyna oedd ei phregeth ar Ffêsbwc. Ond pan aeth Enlli a'i mam i'w chartref gyda cherdyn iddi ychydig ddyddiau ynghynt, y peth cyntaf wnaeth Nerys ar ôl eu gwahodd i'w chonsyrfatri am lasiad o *sloe gin* oedd cwyno wrthynt am y dyn *Big Issue* a oedd yn niwsans o flaen Marks and Spencer Llandudno.

Sgroliodd i lawr eto. Cafodd siom o weld bod un o'i ffrindiau wedi cyhoeddi i'r byd ei bod yn gwylio araith y cwîn. Cododd hyn ei gwrychyn a mewngofnododd i'w chyfrif Twitter ar unwaith. Roedd hi ar fin trydar bod tri math o berson yn y byd 'ma na fyddai hi byth yn eu deall: y bobl wnaeth fotio o blaid Brexit, y bobl sy'n mynd i sêl Next am bump y bore a'r bobl sy'n gwylio araith y frenhines bob Dolig. Dechreuodd deipio ei sylw pryfoclyd cyn ailfeddwl. Dileodd ei sylw. Penderfynodd mai taw piau hi y tro hwn. Doedd ganddi ddim mynadd tynnu pobl i'w phen ar ddiwrnod Dolig. Aeth yn ôl ar Ffêsbwc a dechreuodd deipio ei enw yn y blwch chwiliadau diweddar ond cyn iddi gael cyfle i glicio ar ei lun, clywodd lais ei mam yn gweiddi o'r gegin:

'Bwyd yn barod!'

Roedd pawb yn eistedd yn ddel rownd y bwrdd heblaw am ei mam.

"Sa rhywun isio mwy o dwrci?'

'Nac oes, Mam. Steddwch. Bytwch.'

'Ger, tisio potal arall?'

'Nac oes. Dio heb orffan y gynta. Steddwch.'

Roedd ffysian diddiwedd ei mam yn blino Enlli. Roedd gan bawb fynydd o fwyd o'u blaenau.

'Sut mae'r coleg yn mynd?' holodd Nain Llanbedrog ei hwyres.

'Iawn, diolch, Nain.'

'Sgen ti gariad?'

'Nac oes, Nain.'

Sipiodd Enlli ei Shloer yn ara deg. Distawrwydd annifyr. Cyn i'w nain fedru holi mwy, cododd ei mam o'i chadair. Crafodd y gadair yn erbyn y llawr a merwino clustiau pawb.

'Reit, pwy sy isio mwy o refi?'

*

Dim ond hanner awr wedi dau y pnawn oedd hi ac roedd y dafarn yn orlawn. Cyfarchodd Enlli y bownsar wrth drotian drwy'r drws a chaeodd yntau'r drws ar ei hôl gan esbonio wrth y rhai anlwcus a oedd yn cerdded y tu ôl iddi nad oedd modd ffitio mwy o bobl i mewn i'r dafarn oherwydd rheolau iechyd a diogelwch – nid bod llawer o ystyriaeth yn cael ei rhoi i iechyd a diogelwch yno chwaith. Wrth ymwthio drwy'r dorf, clywodd Enlli leisiau cynhyrfus ei ffrindiau ysgol yn galw ei henw o'r gornel. Fe'i lloriwyd gan y croeso a'r cyfarchion. Roedd hi heb eu gweld ers iddi ddychwelyd i'r brifysgol ym mis Medi.

'Pen-blwydd hapus, Enll!'

''Dan ni 'di llwyddo i gael bwrdd 'leni!'

'Ti'n edrych yn lyfli!'

'Lyfio mêc-yp chdi!'

''Dan ni yma ers un ar ddeg!'

'Ma hi'n nyts yma, 'di?!'

'Be tisio? Cava 'ta Prosecco?'

Roedd hynny fel dewis rhwng piso ci neu biso cath.

'Neith Cava.' Piso ci amdani. 'A' i i'w nôl o, 'sti, 'rhoswch chi'n fan hyn!'

Edrychodd Enlli o'i chwmpas i weld a oedd craciau yn y mur o bobl a safai o'i chwmpas. Roedd yr hyn a welai yn ei hatgoffa o ddehongliad Hieronymus Bosch o uffern tasai Hieronymus Bosch wedi'i fagu ym Mhen Llŷn. Ymbaratôdd ar gyfer trochfa o beintiau a phoer a Phrosecco. I be'r aeth hi i drafferth i gyrlio ei gwallt? Byddai'n rhaid iddi igam-ogamu drwy'r dorf at y bar. Ceisiodd wthio heibio haid o ffermwyr hen ac ifanc a oedd yn rwdlan ac yn rhochian wrth y bar.

'Wel, wel, ylwch pwy 'di!' meddai un rwdlyn

cyfarwydd a'i wyneb yn goch, goch. Cododd Enlli ei phen o'r llawr a gweld Robin Tyddyn Ucha yn tollti hanner ei beint ar hyd ei grys siec.

'Hei, Robin. Sut w'ti? Gest ti Ddolig neis?' Mistêc oedd ei gydnabod. Roedd hi'n llawer rhy sobor i hyn. Prynodd Robin Tyddyn Ucha beint iddi yn Sarn un noson pan oedd hi'n un ar bymtheg ac yn methu cael syrf a byth ers hynny, bob tro y gwelai hi allan, byddai Robin yn ei hatgoffa o'r ffafr honno mewn rhyw ymgais wael i fflyrtian.

'Lle ma 'mheint i 'ta?'

Roedd eisiau mynadd Job i siarad efo josgins meddw. Rhowliodd Enlli ei llygaid.

'Mae'r ddinas 'na 'di dy newid di, myn diawl!'

Stwffiodd Enlli heibio criw o hogia dre a oedd yn siarad dybl-dytsh wrth y jiwcbocs cyn dod i gwfwr wyneb cyfarwydd arall.

'Omaigod, haia!' ffalsiodd y ferch a oedd wedi'i gwisgo o'i chorun i'w sawdl mewn dillad Urban Outfitters. 'Ti'n iawn? Gest ti Ddolig neis?'

Hen ffrind hyd braich oedd Rhiannon. Roedd hi bellach yn astudio mewn coleg cerdd a drama yn Llundain. Trodd Rhiannon at yr hogyn barfog, Shoreditchaidd a oedd yn sefyllian yn anghyfforddus wrth ei hochr a'i gyflwyno i Enlli.

'Enll-ay, this is my boyfriend, Taylor. Taylor, this is my friend, Enll-ay, we were in the same school together.'

'Nice to meet you ... wela i chi wedyn masiŵr,' rhaffodd Enlli cyn brysio heibio'r ddau hipster reit sydyn. Yna, gwelodd fwlch yn ffurfio rhwng dwy ysgwydd a dau berson yn y bar. Ai fel hyn oedd Moses yn teimlo pan ymrannodd y dyfroedd a ffurfio waliau o ddŵr ar bob ochr? O'r diwedd, roedd y llwybr yn glir. Gallai Enlli gyrraedd y bar.

'Be tisio?' gofynnodd y bar-forwyn yn ddisymwth, yn fygythiol bron. Roedd ganddi wyneb a llais rhywun a oedd yn ysmygu fforti-y-dê.

'Cava plis.'

'*Too late*, sori. Cava 'di mynd i gyd.'

Piso cath amdani.

Wrth dalu am ei Phrosecco, teimlodd Enlli rywun yn gwasgu ei chanol yn chwareus. Gwingodd. Aeth gwefr chwerwfelys, waharddedig drwyddi pan glywodd ei lais.

'Hei.' Gwasgodd ei chanol eto. Roedd o wedi cael diod.

'O ... hei. Ti'n iawn?' Roedd hi wedi anghofio sut i siarad. Yr unig eirfa oedd ganddi oedd set o gwestiynau stoc chwithig am y Nadolig.

'Gest ti Ddolig neis?' Chwiliodd Enlli am ei hwyneb hi ynghanol y dorf.

'Do, diolch. Ma hi wedi mynd yn ôl i'r de at ei theulu,' meddai yntau fel pe bai wedi darllen ei meddyliau hi. Cochodd Enlli hyd at ei masgara. Roedd ei hwyneb yr un lliw â'i minlliw. Nid fel hyn roedd hi wedi gobeithio y byddent yn cyfarfod eto. Nid 'hei' hy wrth y bar fel tasai dim wedi digwydd rhyngddynt ac yntau'n sôn am ei gariad o fewn eiliadau.

'Rhaid i mi fynd â'r Prosecco yn ôl at y bwrdd neu mi fydd y genod yn cega.'

'O, paid â bod fel'na, Enll.'

Trodd Enlli ar ei sawdl a diflannu i ganol y dorf.

*

Roedd rhywun wedi rhoi Mariah ar y jiwcbocs.

'A oes unrhyw beth mwy digalon na chaneuon Dolig ar ôl y Nadolig?'

'Go brin.'

'Enll, ti'n iawn?'

Doedd Enlli ddim wedi bod yn gwrando ar y sgwrs ers dipyn. Roedd hi bellach ar ei thrydedd botel ac roedd ei phen yn troi. Roedd hi'n dal i feddwl amdano ac wedi ymgolli yn ei hatgofion.

'Anghofia amdano.'

Ond fedrai hi ddim anghofio. Fo oedd y cyntaf. A gwyddai ei fod o'n sefyll wrth ymyl y lle tân ac yn syllu arni. Teimlai ei lygaid angerddol yn llosgi ei chnawd.

'Ma'r boi bron yn thyrti. Fedri di neud yn well na fo.'

Doedd hi ddim eisiau gwell. Roedd hi'n fodlon bod yn gyfrinach iddo am byth. Roedd hi'n ei garu.

'Mae o wedi dyweddïo rŵan. Callia.'

Teimlai Enlli fel pe bai rhywun wedi rhoi dwrn yn ei stumog.

'Mi oedd 'na lun o'r fodrwy ar Ffêsbwc Dolig. Welist ti ddim mohono? Lle ti 'di bod?!' Roedd hi wedi ei ddileu oddi ar Ffêsbwc ers misoedd. Doedd ganddi hi ddim syniad beth oedd ei hanes heblaw ei fod yn dal i ganlyn yr hogan 'na. Suddodd ei chalon i'w sodlau a chododd y cyfog i'w llwnc.

'Dwisio chwdu.'

Baglodd Enlli i'r lle chwech a chwydodd ei pherfedd yn y sinc agosaf. Ar ôl crio yr un fath â thaflyd i fyny a thaflyd i fyny yr un fath â chrio, cododd ei phen ac edrychodd ar ei hadlewyrchiad truenus yn y drych. Roedd ei thrwyn yn rhedeg a'r masgara'n boitsh du ar hyd ei bochau. Sadiodd ei hun yn erbyn y sinc. Poerodd y blas asidig a sychodd ei cheg cyn rhoi mwy o finlliw ar ei gwefusau gwelw. *Who cares* os oedd o wedi dyweddïo? Doedd hi ddim eisiau ei briodi. Roedd hi'n rhy ifanc i briodi beth bynnag. Roedd hi'n rhy fuan i fynd adra. Un bywyd, un cyfle. Ffyc it, ma hi'n Ddolig. Rhwbiodd y masgara oddi ar ei bochau a dychwelyd i'r bar. Aeth ato fel gwyfyn at fflam. Tapiodd ei ysgwydd yn chwareus.

'Hei.' Fflachiodd wên ddireidus ar ei hwyneb. Gwenodd yntau yn ôl. Hawdd cynnau tân ar hen aelwyd.

*

Ar ôl wythnosau o wneud dim byd ond cwyno am hangofyrs a bwyta'r sothach a oedd yn weddill ar ôl y Nadolig, cofiodd Enlli fod ganddi draethodau i'w hysgrifennu ac arholiadau ddiwedd mis Ionawr. Wrth agor ei chês llawn llyfrau ac agor dogfen Word wag ar ei gliniadur, dychmygai mai fel hyn roedd Heilyn a'r milwyr yn teimlo pan wnaethon nhw agor y drws a oedd yn wynebu Aberhenfelen. Ar ôl tacluso ei llofft, hwfro, busnesu ar wefannau cymdeithasol, ysgrifennu rhestrau di-ri, creu amserlen astudio afrealistig, rhoi ei llyfrau ar y silffoedd yn nhrefn yr wyddor, mynd i lawr i'r gegin i wneud panad o de arall a dychwelyd i'w llofft, dechreuodd deipio gosodiad y traethawd ar dop y dudalen: 'Amcan serch yw hyn'. Gadawodd y gosodiad ar ei hanner. Ciledrychodd ar ei chalendr. Roedd wythnos wedi mynd heibio. Roedd hi'n hwyr.

O Bob Lliw a Llun

GWENNI JENKINS-JONES

Ar ôl dwy flynedd o fyw ar gamlesi Prydain nid oedd Lisa erioed wedi dioddef yr un diferyn o salwch môr ond heddiw, er i lawr y bad deimlo'n gadarn dan ei thraed ar gamlas Rhydychen, teimlodd yr un math o anniddigrwydd yn troelli'n rhaffau trwm ym mhwll ei stumog.

'Ond fydd Dolig ddim 'run peth hebddat ti, cariad.'

Craciodd llais ei mam i lawr y lein a gwyddai Lisa nad y signal gwael oedd ar fai y tro hwn. Cydiodd yn ei ffôn yn dynn.

'Bydd pawb mor siomedig.'

Wrth gwrs y byddai'r teulu'n siomedig. Roedd hi'n eu siomi nhw drwy'r amser, on'd oedd? Hi, a anwybyddodd bob darn o gyngor ganddynt ar hyd ei hoes. Dilynodd radd mewn celf yn lle meddygaeth; gadael Siôn-drws-nesaf am fywyd sengl gwyllt; cefnu ar Geredigion i fyw ym mherfeddion Llundain, ac yna, i goroni'r cyfan, taflu popeth i'r gwynt er mwyn crafu bywoliaeth fel artist ar gwch.

Y Nadolig diwethaf oedd y cyntaf ers iddi ddechrau ar yr 'antur' hon a gwingodd Lisa wrth gofio amdano; y straen yng nghroeso'r teulu wrth iddi gyrraedd yn hwyr a'r twrci'n oeri ar y bwrdd; y llygaid yn crwydro dros ei siwmper dyllog, ei gwallt pinc a'r gwreiddiau brown; y gwenau cam wrth iddynt ddadlapio'i rhoddion o sgarffiau igam-ogam a phwy allai anghofio wyneb Mam-gu wrth iddi esbonio sut oedd gwagio tŷ bach ar gamlas? Yna cofiodd ymatebion ei rhieni i orchestion ei brodyr: eu hebychiadau wrth glywed am ddyrchafiad Carwyn i fod yn Bennaeth Adran Hanes Prifysgol Bangor; y dagrau yn eu llygaid wrth i Rhydderch (yntau'n ddeintydd) gyhoeddi bod ei wraig yn disgwyl babi arall, a'u llawenydd wrth iddi hithau glwcian dros y pwdin a'r treiffl, 'Ac mae'r efeilliaid 'di derbyn ysgoloriaethau i St Margaret's School for Girls. Ni 'di prynu'u gwisgoedd yn barod!' Toddodd Lisa i'r tinsel ymysg tincial y gwydrau, y clapio a cwtsio, y llongyfarch a'r siglo llaw, nes i rywun droi a gofyn y cwestiwn anochel, 'Felly sut ma'r busnes "celf" 'ma'n mynd, 'te ...?'

'Ti'n gwybod, 'n dwyt,' meddai'i mam o ochr arall y ffôn, '... os taw arian yw'r broblem, bod gen i a dy dad ddigon i ...'

'Na, Mam ... dwi'n iawn ...'

Edrychodd ar y pentwr o gynfasau a orweddai'n bentwr wrth ei thraed; y casgliad mwyaf diweddar i gael ei wrthod gan orielau amrywiol Rhydychen. Brathodd ei gwefus.

'A dweud y gwir, dwi newydd werthu casgliad cyfan ... ie ... na ... dwi'n gwybod ond ... wir, dwi mor brysur a dwi mor bell o adre ... fedra i ddim dod 'nôl ...' Tawodd ei llais. 'Fedra i ddim.'

Ffarweliodd yn gyflym a chwympo'n glwt i'w chadair gan daflu'r ffôn ar y bwrdd i ganol ei phaent a'i phensiliau a'i phrosiect diweddaraf – cardiau Nadolig.

Gorweddai'r rhan fwyaf ar eu hanner ac roedd y paent ar ei phalet pren wedi sychu'n smotiau caled. Rhoddodd Lisa ei phen yn ei dwylo. Petai modd iddi arddangos ei gwaith, gwerthu ambell ddarlun, cael rhyw fath o gydnabyddiaeth, gallai fynd adref â'i phen yn uchel a dweud yn union sut roedd y 'busnes celf' yn mynd ... ac eto, pwy fyddai ag amser i'w ladd mewn oriel yr adeg hon o'r flwyddyn? Nid celf roedd pobl ei eisiau. Nid celf go iawn. Dim ond cardiau Nadolig ar ben cardiau Nadolig a'r rheiny mor ddiddychymyg â phâr o sanau dan goeden; lluniau o Siôn Corn yn chwerthin, dyn eira yn chwifio'i law, a phlant yn chwarae mewn eira na welodd yr un plentyn o Brydain ei fath erioed. Ochneidiodd Lisa a sbecio trwy ei bysedd ar y cymeriadau melltigedig o'i blaen. Sylwodd fod blaen y brwsh paent a oedd wrthi'n gwrido bol ei robin goch wedi caledu'n llafn gwaedlyd. Rhythodd yr aderyn arni'n gyhuddgar a'i fol wedi diferu dros y corrach ar y garden oddi tano.

Rhegodd, ond gwyddai nad oedd amser i'w hail-wneud. A hithau wedi codi'n hwyr a threulio awr ar y ffôn roedd hi wedi colli dechrau'r ffair Nadolig. Stwffiodd y cardiau gorffenedig i'w satsiel a dechrau edrych trwy'r cynfasau a orweddai'n galeidosgop o liwiau wrth ei thraed. 'Abstract art' yn ôl yr arbenigwyr, nid bod Lisa'n defnyddio'r label ei hun. Yn ei barn hi, awgrymai hyn nad oedd synnwyr i'w lluniau. Cymerodd eiliad i fyseddu'r paent a safai'n donnau trwchus ar wyneb y cynfasau. Roedd pob un strôc ag ystyr, pob un â chyfeiriad, bwriad, pwrpas. Nhw oedd ei breuddwyd-ion wedi'u peintio'n dirlun amrwd o onglau a siapiau llachar.

72

Dewisodd dri a'u magu dan ei chesail. Yna, taflodd y satsiel dros ei hysgwydd ac agor drws y cwch gan dderbyn slap o awyr oer Rhagfyr ar ei bochau. Crynodd a thynnu'i sgarff dros ei cheg cyn dechrau gwthio trwy'r gwynt. Teimlai'r tir yn ddieithr dan draed a'r llwybr yn slic gan rew. Chwyrlïai ei gwallt i bobman, a gyda'r chwa rynllyd a rhwystredigaethau'r bore'n prysur dynnu dagrau o'i llygaid cafodd ei hun, nid yn cael ei gwthio yn ôl, ond yn cael ei hyrddio ymlaen ac ymlaen ac ymlaen, ei choesau'n glymau a'r llawr yn dod yn agosach ac yn agosach nes iddi gwympo'n gybolfa o gardiau a phaent a lliwiau amrywiol ar y lan. Cododd ei phen, a gweld cwch gwyrdd yn esgyn o'i blaen; yr unig gwch arall ar y gamlas i gyd. Roedd yna hen ddyn barfog ar ei liniau wrth ei hymyl, gyda'r rhaff yr oedd hanner ffordd trwy ei chlymu at y postyn mwrio nawr ynghlwm wrth ei hesgidiau hithau. Syllodd arni, a'i lygaid yn rhew.

'Dwi mor flin, *I mean, I'm sorry.*'

'Watsia dy draed, wnei di?' meddai fe.

Tynnodd Lisa'r rhaff oddi arni a chasglu ei phethau ynghyd. Dau o Gymry Cymraeg ar gamlas Rhydychen, dyna chi ryfedd o fyd, meddyliodd. Yna, heb edrych yn ôl, cerddodd i ffwrdd o'r dyn annifyr at ganol y ddinas gan deimlo'i lygaid yn ei dilyn yr holl ffordd.

*

Erbyn iddi gyrraedd chwech o'r gloch roedd Lisa wedi gostwng prisiau'r cardiau Nadolig deirgwaith i bunt yr un. Dim ond pump oedd wedi gwerthu. I waethygu pethau, roedd hi wedi cyrraedd y ffair yn brin o un o'i chynfasau ac wedi colli'i stondin gan ei bod hi mor hwyr. Treuliodd y prynhawn cyfan yn arddangos ei chynnyrch ar risiau Tesco heb ddenu braidd dim sylw o gwbl heblaw ambell snwffiad gan gŵn y ddinas a dyrnaid o newid, er mawr gywilydd iddi, gan ddyn a oedd dan yr argraff mai menyw ddigartref oedd hi. A'r stondinau eraill yn dechrau cau a hithau wedi colli pob teimlad yn ei phen-ôl, paciodd Lisa ei phethau a chyfri'r ceiniogau yn y tun arian. £6.36 ... digon am dorth o fara, bach o laeth ac ambell dun o ffa neu sŵp, dyna i gyd.

Pan gyrhaeddodd lwybr y gamlas goleuodd ei thortsh. Petai unrhyw raff yn cuddio yn y tywyllwch i'w baglu, fe fyddai'n barod y tro hwn a gyda lwc (ac roedd hi'n sicr yn haeddu ychydig heddiw, meddyliodd) fe fyddai'n canfod ei chynfas coll ar hyd y ffordd. Cerddodd ar hyd y dŵr a'i llygaid wedi'u hoelio ar y sbotolau o'i blaen, ond er i sawl fflach o liw neidio o'r tywyllwch cafodd ei siomi bob tro; pecyn creision, hen faneg, dymi. Yna, o gornel ei llygad, gwelodd rywbeth. Stopiodd. Nid ei golau hi oedd yr unig un a dyllai'r tywyllwch. Yn y pellter, ddim yn bell o'i chwch, roedd yna un arall. Na, mwy nag un. Cannoedd. Miloedd o oleuadau bach disglair yn hofran uwchben y dŵr, yn codi a disgyn ar yr awel. Cerddodd yn araf tua'r fan a'i chanfod ei hun yn sefyll ar lan y dŵr yn syllu mewn llesmair ar y cwch gwyrdd o'i blaen. Wedi'u taenu'n berlau gloyw ar ei hyd yr oedd cadwyni o oleuadau Nadolig, eu hadlewyrchiad yn arnofio'n sêr ar y dŵr ac yn wincio arni wrth i'r tonnau bychain daro'n ysgafn yn erbyn ochrau'r cwch. Yn eistedd ar y to gyda sigarét yn mudlosgi'n goch yn ei law roedd y dyn barfog a basiodd ychydig oriau yn ôl.

'Rho'r gole 'na lawr, nei di, ti'n mynd i ddallu rhywun.'

'Sori, sori.' Gollyngodd Lisa'r dortsh ac, wedi deffro o'i swyn, ymlwybrodd tuag at ei chwch hithau.

'Ife Lisa wyt ti?'

Stopiodd a throi i edrych arno. Estynnodd y dieithryn rywbeth o'r tu ôl iddo a chododd Lisa ei thortsh yn ofalus i weld beth oedd ganddo. Yn ei law chwith, a'i ochrau wedi'u staenio'n wyrdd gan wair, roedd y cynfas a ollyngwyd ganddi'r bore hwnnw. Pwyntiodd ei fys at y sgribl ar y gwaelod lle'r oedd hi wedi llofnodi'i henw.

'Doedd neb arall gartre pan alwes i draw.'

'Na. Dim ond fi sydd yma.'

Syllodd arni am eiliad, yna sugnodd yr hen ddyn ar ei sigarét a bwrw golwg ar y darlun yn ei law.

'Ac mae pethe fel'ma'n gwerthu, ydyn nhw?'

Clywodd Lisa iâr ddŵr yn clegar yn y pellter.

'Nid … nid pawb sy'n gwerthfawrogi'r steil.'

Damniodd y cryndod yn ei llais, a chamu'n nes er mwyn cymryd ei gwaith, ond ni ddangosodd y dieithryn unrhyw arwydd ei fod am symud. Yn wir, cydiodd yn y cynfas yn ei ddwy law a dechrau'i droi'r naill ffordd a'r llall gan rythu arno. Pesychodd, cyn cymeryd smôc arall a rhwbio'i ên. Dechreuodd Lisa obeithio y byddai'r sigarét yn cynnu'i farf. Ond dim lwc. Eto. Cododd yr hen ddyn ei ben.

'Hmff. Dwi'n fwy o berson *portraits* fy hun.'

Estynnodd y llun iddi. 'Fy enw i yw Morys.'

*

75

Brathai'r bore ffenestri'r ddau gwch â chrisialau gwyn, a theimlai Lisa'r awel yn chwythu bywyd newydd i'w hwyneb wrth iddi beintio ar lannau'r gamlas. Diwrnod newydd, cynfas newydd, ac â'i ffedog am ei chanol, brwsh yn ei llaw, a'i bocsys esgidiau llawn tiwbiau paent, pensiliau a chardiau lliw wrth ei thraed, teimlodd bryderon ddoe yn llithro o'r neilltu am y tro. Roedd hi wedi gorffen pymtheg carden Nadolig yn barod, y rhai gorau hyd yn hyn, a'r rheiny wrthi'n sychu ar liain o'i blaen. Am weddill y bore, gan ei bod hi wedi bod mor gynhyrchiol, fe fyddai'n canolbwyntio ar ei chelf hithau. Wedi'r cyfan, os oedd hi am dreulio'r gwyliau ar ei phen ei hun, man a man iddi fod yn hunanol a gwneud beth roedd hi'n ei fwynhau. Fe wnâi beintio dros lymder y Nadolig gyda'i lliwiau, ac yma, y tu fas, gyda gwagle mawr o'i hamgylch teimlai'n rhydd i ymestyn pob syniad ac ymdeimlad i eithafion pob enfys. Gwenodd.

Yna, aeth ias i lawr ei chefn. Symudodd rhywbeth o gyfeiriad y cwch gwyrdd ac yno, yn ddigon siŵr, yr oedd pâr o lygaid bach duon yn syllu arni o'r ffenestr agosaf. Diflanasant, yna gwichiodd drws y cwch yn agored a chamodd Morys ohono ac ymlwybro tuag ati, het ar ei ben, cot ddu amdano, a dau fŵg o goffi yn stemio yn ei ddwylo. Estynnodd un iddi, ac ar ôl eiliad o ystyried, cymerodd Lisa'r baned a chymryd llymaid gan deimlo'r gwres yn llifo i lawr ei chorff. Mentrodd wên o ddiolch, ond ni wenodd Morys yn ôl.

'Oes rhaid i ti chwarae hwnna?' cyfarthodd, gan gyfeirio at y chwaraewr CD a oedd wrthi'n arllwys cerddoriaeth *jazz* o un o ffenestri agored Lisa.

'Oes.'

Rhochiodd yr hen ddyn ac eistedd ar ymyl y lliain ar y llawr. Edrychodd ar y cardiau, wedyn ar y cynfas peintiedig a dechrau mwmian dan ei anadl. Anwybyddodd Lisa ef. Gallai eistedd wrth ei hymyl a snwffian hyd Ddydd y Farn ond ni fyddai'n gadael i'r hen snichyn sych sbwylio'i hwyliau heddiw. Cododd ei brwsh a pharhau â'i pheintio ac ar ôl ychydig ymdoddodd y mwmian i furmur y dail nes iddi bron ag anghofio'i fod yno. Yn wir, aeth sawl munud heibio cyn iddi sylwi fod Morys wedi tewi. Moelodd ei chlustiau. Dim smic. Sbeciodd arno o gornel ei llygad.

Roedd ei fŵg o goffi'n oeri wrth ei ymyl, ei fenig wedi'u taflu i'r llawr, a'i gefn yn grwm. Fflachiodd darn o las o'i gôl. Roedd y dihiryn wedi dwyn darn o bapur o'i bocs! Trodd y ddalen yn araf yn ei ddwylo fel petai'n ystyried rhywbeth. Ar ôl ennyd plygodd y corneli i'r canol, yna'u hagor, troi'r papur drosodd a gwneud plygiadau newydd. Prociodd ei dafod o'i geg wrth iddo wasgu'r ymylon â'i fysedd. Yna llyfnodd y papur yn fflat a'i droi unwaith eto, yna'i blygu, a'i agor, ei droi, plygu, agor, troi, plygu, agor. Trawsffurfiodd y papur yn sgwâr, wedyn yn betryal. Yr eiliad nesaf roedd yn ddiemwnt, yna'n farcud, yn seren, yna ... yna o nunlle, yn aderyn bach a orweddai'n ddof yng nghledr ei law. Daliodd Lisa ei hanadl a gwylio Morys yn cydio yng nghynffon yr aderyn yn dyner, dyner a'i thynnu yn ôl ac ymlaen yn araf. Dechreuodd yr adenydd grynu ac ymestyn fel petai'r creadur ar fin dianc a hedfan dros y dŵr. Edrychodd Lisa ar wyneb ei greawdwr a chlywed chwerthiniad bach direidus yn dianc o'i farf.

'Sut wnaethoch chi hwnna?'

Neidiodd Morys a diflannodd y chwerthin ymysg

toreth o besychiadau sych. Trodd i edrych arni, ei lygaid yn fawr, gan wasgu'r aderyn bach yn un swp yn ei ddwrn.

'Wnewch chi ddangos i mi?'

'Beth?'

'Sut wnaethoch chi fe. Yr aderyn.'

Gollyngodd y belen o bapur i'r llawr a thynnu ei fenig yn ôl ar ei ddwylo. 'Duw, dwi'n rhewi'n gorn 'ma, dwi'n mynd 'nôl tu fewn.'

'Plis?'

Ceisiodd Morys godi o'r llawr ond collodd ei gydbwysedd ychydig a bu'n rhaid i Lisa ddal yn ei ysgwydd. Tynnodd Morys ei het yn dynnach am ei ben a'i gwthio oddi wrtho.

'Iawn. Iawn. Ond nid yma, a nid nawr. Yffach.'

Cipiodd ei fẁg yn ôl gan Lisa, nad oedd wedi gorffen ei phaned eto, a brysio yn ôl i'w gwch, cyn troi i'w hwynebu eto. Cododd ei fys, 'A ti sy'n darparu'r papur a phethe, reit?'

Caeodd y drws yn glep ar ei ôl.

*

Y noson honno, wedi prynhawn aflwyddiannus arall o werthu, aeth Lisa i ymweld â'i chymydog. Tarodd y drws yn ysgafn, ac wrth i'r goleuadau Nadolig grynu o'i hamgylch clywodd ryw fwmian cyfarwydd yn agosáu. Cyn iddi wybod beth oedd yn digwydd cafodd ei thynnu i mewn, a'i chlustiau'n llawn grwgnach ynghylch drafftiau a gwyfynod.

Aeth Morys i'r gegin i arllwys wisgi iddo'i hun a thaenodd Lisa ei phapurau lliw ar y bwrdd. Roedd ei bysedd yn cosi am gael gwneud aderyn bach ond doedd hi ddim yn cael gwneud un o'r rheina, meddai Morys, nes iddi feistroli technegau sylfaenol origami. Roedd rhaid dechrau trwy wneud coeden, ac yna, os oedd yntau'n barnu ei bod yn ddigon da, câi symud ymlaen i wneud siapiau mwy heriol.

Yn anffodus, nid oedd y grefft yn dod yn naturiol i Lisa er gwaetha'i brwdfrydedd. Doedd dim byd yn gwneud unrhyw synnwyr iddi; y patrymau, y rheolau, y geometreg a'r angen i wneud plygiadau dim ond er mwyn eu hagor eto. Cymerodd dros ugain munud iddi greu'i choeden gyntaf a honno'n llesg a brau ar ôl cymaint o blygu. Yn wir, edrychai fel y math o goeden Nadolig a welid ym mis Ionawr yn crino ar gornel stryd, ond roedd yn goeden wedi'r cyfan, doedd dim dwywaith am hynny, ac er i Morys rolio'i lygaid arni, ni allai Lisa beidio â gwenu.

Ar ddiwedd y wers cafodd orchymyn ganddo i ddod draw'r noson ganlynol i ddysgu sut i wneud sêr a chalonnau. Ar ôl y sesiwn honno, cafodd wahoddiad arall i wneud gwahanol fathau o flodau. Aeth i'r gwch gwyrdd bob nos yr wythnos honno, nid bod Morys byth yn edrych yn falch iawn o'i gweld hi. Treuliai ddeg eiliad da yn craffu ar ei dillad o'i ffenest cyn ateb y drws (pymtheg eiliad pan wisgodd ei phonsio oren), cyn pigo beiau arni am weddill y noson. Ac eto, fe fyddai wastad yn mynnu iddi aros ychydig yn hirach nag oedd angen. Roedd rhaid iddo gywiro rhywbeth, dangos techneg arall iddi, neu roedd rhaid iddi ail-wneud rhywbeth nad oedd wedi cyrraedd ei safonau uchel yntau. Er gwaetha'r ffaith bod Morys yn hen rech, ni wnaeth Lisa wrthwynebu. Roedd rhywbeth hudol yn y weithred o greu rhywbeth o ddim mwy na dalen o bapur. Cafodd ryw wefr o weld pob crych, a ymddangosai mor ddibwrpas i ddechrau, yn dod ynghyd a thrawsffurfio'n siâp cyfarwydd o'i blaen. Cafodd rhyw deimlad o ryddhad hefyd fel petai pob plygiad yn y papur yn agor rhyw blygiad arall ynddi hithau gan ryddhau rhes o hen atgofion.

Cafodd ei hun yn disgrifio'r cadwyni papur y byddai ei mam yn eu gwneud adeg y Nadolig o hen gylchgronau, a'r angel hyll y mynnai ei roi ar y goeden bob blwyddyn. Disgrifiodd y diwrnod pan ddaeth Carwyn yn ôl o'r brifysgol mewn gwisg Siôn Corn gyda sach fach o *pick-&-mix* i'w chwaer, a'r flwyddyn pan wnaeth Rhydderch a hithau ddianc o'u gwlâu i'r parc ganol nos i chwilio am seren Bethlehem. Adroddodd hanes bisgedi sinsir ei thad a werthodd mewn ffair heb sylwi ei fod wedi defnyddio halen yn lle siwgr, a chwarddodd wrth gofio ei banig llwyr wrth i fflamau'r pwdin Nadolig danio'i farf ar ôl iddo fod yn rhy hael â'r brandi.

Canolbwyntiodd Morys ar ei origami. Yn wir, oni bai ei fod yn nodio yn awr ac yn y man, byddai Lisa wedi tyngu nad oedd yn gwrando hyd yn oed. Ni chynigiodd air amdano'i hun chwaith. Atebai unrhyw gwestiwn â gwg neu drwy godi'i ysgwyddau gan adael iddi ymbalfalu am atebion yn y cwch o'i hamgylch. Craffodd ar y clytwaith o luniau a orchuddiai'r waliau. Yr un fenyw oedd yn serennu ym mhob un ohonynt, bron. Chwifiai ei llaw'n ddu a gwyn o draeth gyda Morys ifanc wrth ei hochr, a dal ei law o flaen Twˆr Eiffel gan godi *beret* uwch ei phen. Roedd hi'n ei gusanu o flaen eglwys mewn ffrog briodas, ac mewn llun arall daliai'i fraich wrth iddo dalsythu'n fwstasiog mewn siwt drwsiadus. Ceid rhai lluniau ohonynt yn hŷn hefyd: Morys â barf a hithau a'i gwallt wedi britho yn yfed siampên ar gwch; un arall ohonynt o flaen bwthyn gwyn yn cydio mewn ci. Roedd yna sawl llun o'r fenyw ar ei phen ei hun, er nad oedd un ohonynt wedi eu tynnu yn ddiweddar iawn. Gwenai'n ddireidus ar y camera ag ôl chwerthin yn y crychau o amgylch ei llygaid. Trodd Lisa i astudio'r rhychau ar wyneb y dyn bach eiddil wrth ei hymyl a oedd wrthi'n gorffen ei drydydd wisgi. Pa mor aml oedd yntau'n chwerthin, tybed?

*

Erbyn noswyl Nadolig roedd gan Lisa ddigon o siapiau origami i'w harddangos ochr yn ochr â'i chardiau a'i chynfasau yn y ffair. Clymodd ruban coch wrth bob un i'w wneud yn addurn, ac er syndod iddi gwerthodd y cyfan erbyn canol y prynhawn. Gadawodd â sioncrwydd yn ei cham a'i thun arian yn tincial ag arian mân. Prynodd botel o win rhad i'w rhannu gyda Morys.

Ond nid oedd goleuadau Nadolig i'w chroesawu pan gyrhaeddodd y gamlas y noson honno. Diflannodd y dŵr i dwnnel o dywyllwch ac roedd y ddau gwch yn ddim ond flociau du yn arnofio'n ddifywyd yn y pellter. Stopiodd Lisa i ffeindio'i thortsh, ac wrth iddi chwiliota yn ngwaelodion ei bag, ymlithrodd rhyw anesmwythder oeraidd drosti. Morys. Roedd yr hen ddyn ar gamlas ganol gaeaf ar ei ben ei hun. Doedd hi heb ystyried hynny o ddifri tan heno. Doedd neb i glywed ei rwgnach a'i beswch a phetai rywbeth yn digwydd iddo, sylweddolodd, byddai neb yn gwybod chwaith.

Daeth o hyd i'w thortsh a'i oleuo, a gyda bysedd hirion arswyd yn tynhau am ei chalon, cyflymodd tua'r angorfa, ei dychymyg ar dân.

Cyrhaeddodd y cwch gwyrdd a'i gwynt yn ei dwrn. Roedd y llenni ar led a doedd y tu mewn yn ddim ond cysgodion. Anelodd ei thortsh at un o'r ffenestri a syllodd sawl Morys ifanc yn ôl arni o'r waliau. Cnociodd ar y gwydr, 'Morys?' Pesychodd rhywun y tu ôl iddi. Trodd Lisa a gweld smotyn coch yn arnofio yn yr awyr.

'Morys?!'

Cliciodd rhywbeth yn y coed o'i blaen ac yn sydyn diflannodd y smotyn yn un o gannoedd o smotiau gwyn. A dyna lle'r oedd Morys, â sigarét yn mudlosgi yn ei law, yn sefyll yn betrus ar stôl bren a'r goeden wrth ei ochr wedi'i phlethu'n we o oleuadau disglair. Rhuthrodd Lisa tuag ato a'i helpu i ddod i lawr.

'Dwi'n iawn. Dwi'n iawn. Cer o 'ma!'

Eisteddodd ar y stôl, tynnu deilen o'i farf, a phlethu'i freichiau. Gwyliodd Lisa'n sefyll yn gegrwth o flaen y goeden Nadolig.

'Pert, yn dydi?'

'Dyle chi fod wedi aros tan iddi oleuo. Dyw hi ddim yn saff i …'

'Fydda i ddim yma fory.'

Trodd Lisa'i phen yn sydyn.

'Ond … ond mae'n Nadolig fory.'

Sugnodd Morys yn ddwfn o'i sigarét a chodi'i ysgwyddau. 'Mi wnawn ni ddathlu heno te.'

Nid atebodd Lisa. Roedd hi wedi rhewi, a'r sylweddoliad y byddai'n treulio'r Nadolig ar gamlas hollol wag yn treiddio drwy'i chorff fel iâ.

Taflodd Morys ei freichiau i'r awyr. 'Mae coeden 'da ni'n does?'

Cododd Lisa ei bag siopa'n llipa. 'A ma gwin 'da fi,' meddai. 'A' i i nôl gwydrau.'

Aeth i'w chwch a dychwelyd gyda dau wydryn, dwy flanced, ac, o dan ei chesail, gyfnas wedi'i lapio'n frysiog mewn papur newydd. Rhoddodd y flanced drymaf i Morys ac arllwys gwin i'r ddau ohonynt. Eisteddodd ar y gwair tamp wrth ei ymyl a chymryd dracht o'i diod gan feddwl, gyda gwên wan, pa mor debyg oedden nhw ill dau, wedi'u lapio mewn blancedi dan goeden, i ddwy anrheg nad oedd ar neb eu heisiau. Estynnodd y cynfas o'r bag.

'Beth yw hwn?'

'Jest anrheg fach. Darlun.'

Crychodd Morys ei drwyn.

'Jest 'drychwch arno fe.'

Roedd hi wedi bwriadu rhoi'r darlun iddo yn y bore, ac er nad oedd hi wedi cael amser i'w berffeithio, teimlai'n falch ohono. Gwyliodd Morys yn tynnu'r cynfas yn rhydd o'r papur. Pan wnaeth y ddau ohonynt gwrdd wythnos yn ôl, dywedodd fod gwell ganddo luniau o bobl na'i chelf hi, do? Wel, fyddai ddim yn gallu cwyno am hwn. Dyma hi wedi creu portread o Morys ei hun, a hynny, meddyliodd gan wenu'n slei, heb newid *dim* o'i harddull. Roedd hi wedi trawsnewid ei wyneb y tu hwnt i adnabyddiaeth bron; ei fochau'n soseri porffor, ei farf yn drionglau troellog, a'i aeliau yn fawr ac yn binc.

Daliodd Morys y darlun at y goeden i graffu arno ac yng ngolau gwan y goleuadau bach gwyn gallai Lisa daeru ei bod wedi gweld cornel ei geg yn codi, jest ychydig, am eiliad, trwy'i farf. Cliriodd Morys ei wddf.

'A lle yn y byd ydw i'n mynd i roi hwn, e? Uwchben y *mantelpiece*?'

'Hei. Bydd e'n werth ffortiwn un dydd.'

Rholiodd Morys ei lygaid a dal ei wydryn ar gyfer mwy o win. Bu eiliad o ddistawrwydd.

'Ti'n ffonio'r teulu yfory?' gofynnodd wrth iddi arllwys, ei lygaid wedi'u serio arni.

Teimlai Lisa fel petai rhywun newydd brocio nodwydd i'w chalon. 'Falle ... ond dwi'n siŵr bydde nhw'n rhy brysur i siarad 'da fi, i fod yn onest ...' Tawelwch eto.

'Beth amdanoch chi? Chi'n mynd at rywun fory? Ffrindie? Teulu?'

Cododd Morys un o'i aeliau. 'Ti'n meddwl bod ffrindiau 'da fi, wyt ti?'

Meddyliodd Lisa ei bod yn well iddi beidio ag ateb.

'A does dim teulu ... nag oes, wir ... nid ers i Maria ...'

Stopiodd. Edrychodd ar y sigarét yn ei law ac am y funud neu ddwy nesaf ni ddywedodd yr un ohonynt air ond syllu i'r marwor a gwylio'r lludw'n malurio'n blu eira llwydion i'r llawr. Ar ôl ychydig, malodd Morys y stwmpyn yn y pridd a gyda dwylo crynedig ymbalfalodd drwy bocedi'i got am sigarét arall. Pan ddaeth o hyd iddi cymerodd Lisa'r taniwr a'i gynnu. Am unwaith, ni wnaeth Morys wrthod ei help.

'Teimlo ydw i ei bod yn amser symud ymlaen i'r lle nesaf. Ti'n gwybod sut ma hi.'

Nodiodd Lisa er nad oedd hi'n hollol siŵr am beth roedd e'n sôn. Wedyn cododd Morys ei ben.

'Ti'n ffonio dy deulu fory, ti'n nghlywed i?'

Roedd y geiriau'n herciog, er bod ei lygaid yn sych. Cofiodd Lisa am y crac yn llais ei mam ar y ffôn ychydig ddyddiau yn ôl.

'Addo,' atebodd.

*

Deffrodd Lisa'r bore wedyn wedi colli pob teimlad yn ei thrwyn. Crynodd a tharo golwg ar y cloc wrth ymyl ei gwely. Wyth o'r gloch, dydd Nadolig. Byddai ei theulu, heb os, wedi codi erbyn hyn hefyd. Fe fyddai'i mam yn y gegin yn paratoi brecwast o samwn wedi'i fygu ac wy slwtsh. Byddai ei thad yn paratoi'r twrci ac yn chwibanu i Nat King Cole a chyn bo hir fe fyddent yn clywed ei brodyr yn canu o'r stryd, yn esgus bod yn garolwyr Nadolig fel y gwnaent bob blwyddyn yn ddi-ffael. Fe fyddai ei mam yn agor y drws a chwerthin, ei thad yn ymddangos â brigyn o uchelwydd y tu ôl i'w glust a phawb yn cyfnewid cusanau a cwtshys mewn bwrlwm o gellwair a *buck's fizz*. Pawb, hynny yw, heblaw amdani hi.

Llusgodd ei thraed tuag at y gegin. Llenwodd y tegell a thywallt gweddillion llychlyd y jar o ronynnau coffi i hen fŵg. Ochneidiodd ac aros i'r dŵr ferwi. A dyna pryd y sylwodd hi ar y ffenest uwch y sinc. Roedd y panel crwn yn llwydrew i gyd fel y lleill ond, ar hwn, roedd yna batrymau rhyfedd wedi'u cerfio trwyddo o'r ochr allanol. Rhwbiodd y cwsg o'i llygaid a chraffu'n nes. Llythrennau oedden nhw. Geiriau.

Taflodd ei chot amdani a gwthio drwy'r drws i'r oerfel tu fas i'w darllen yn iawn. Gwelodd bod cwch

Morys wedi mynd yn barod, ac aeth yn syth at ffenest y gegin. Yna, ar y gwydr, fel petai rhywun wedi crafu trwy'r rhew â'i ewinedd, yr oedd y geiriau CER I'R GOEDEN.

Y goeden? Craffodd y tu ôl iddi a minio'i llygaid, ond roedd y goeden lle treuliodd Morys a hithau'r nos yn yfed a smygu wedi diflannu'n un o gant a mil a welid hyd ymyl y gamlas. Wedyn, clywodd ryw siffrwd. Camodd oddi ar y cwch. Roedd adenydd bychain yn ymysgwyd yng nghanghennau isaf un o'r coed; rhai gwynion, yn crynu a fflapio fel petaent yn ceisio dianc.

Aeth Lisa ar ei chwrcwd a rhyddhau'r aderyn origami o freichiau'r goeden. Daliodd y creadur yng nghledr ei llaw a thynnu ei gynffon yn dyner, gan wylio'r adenydd yn ymestyn. Yna'n reddfol dechreuodd agor y plygiadau. Llyfnodd y crychau rhwng ei bysedd, ei dwylo'n crynu. Siec. Cododd y papur at ei hwyneb. Syllodd y seros yn ôl arni. Trodd y papur.

Bydd y llun yn werth ffortiwn, meddet ti.

Curai ei chalon yn galed yn erbyn ei mynwes a chododd Lisa ei llygaid at y gamlas a naddai ei ffordd yn binc drwy'r tir tua'r dwyrain. Yn y pellter yr oedd goleuadau bach Nadolig a'r rheiny'n tywynnu uwch y dŵr fel petaent ar fin codi a hedfan tua'r haul.

Cerdyn Dolig

CEFIN ROBERTS

Doedd gan Jake ddim dewis heddiw ond mentro. Ymhell
cyn iddi wawrio roedd yn gwbl effro, tra chwyrnai'r
ddinas yn ei thrwmgwsg dryslyd. Potelaid o lefrith o
riniog drws un tŷ go nobl, papur newydd o flwch
llythyrau un arall. Er na fentrai'n rhy aml i fyny'r un
stryd yn union, roedd y rhes arbennig yma o dai yn un
eithaf cyfarwydd iddo. Ffiniai Stryd y Santes Fair ar un
o ardaloedd mwyaf breintiedig y ddinas. Er bod pethau
wedi mynd rhwng y cŵn a'r brain ers sbel go faith – rhy
faith i Jake gofio – roedd rhai pethau'n aros yr un fath;
byddai'r cyfoethogion, fel y tlodion, gyda ni o hyd.

Cyflymodd ei gamau tua'r eglwys; roedd angen bod
ar flaen y ciw heddiw o bob diwrnod. Doedd fiw iddo hel
ei draed yn y gobaith y deuai rheitiach nwyddau yn
hwyrach yn y dydd. A Mari fel ag yr oedd hi, derbyn pa
becyn bynnag a gynigid iddo oedd ei unig ddewis, a
dychwelyd cyn gynted ag y gallai yn ôl i'w lloches.
Roedd amser yn brin, byddai'n rhaid bod yn barod i
symud. Doedd aros ddim yn opsiwn.

Cofiai amser pan fyddai'n talu i stelcian am ychydig;
aros i weld beth fyddai gan roddion y prynhawn i'w

gynnig, yn enwedig tua'r adeg yma o'r flwyddyn. Er mor wag oedd yr eglwysi, roedd pawb yn tyrchu'n dyfnach i'w pocedi dros gyfnod y Nadolig. Rhoi arian i gael gwared â'u cydwybod wnâi pobl y dyddiau yma, nid am fod ganddynt gydwybod.

Bu pethau'n well na hyn, hyd yn oed o fewn cof Jake ei hun; y dyddiau hynny pan gâi ei dad ambell swydd ysbeidiol yn yr iard goed. Ond er cystal crefftwr oedd ei dad, doedd ganddo mo'r papurau priodol i gael gwaith yno'n llawn amser. Llafur ceiniog a dimai'n achlysurol a dderbyniai, ac felly bu'r cerdyn cardod yn rhan anorfod o fywyd Jake o'r dechrau'n deg. A'i dad bellach wedi ei 'ddiflannu', ymbil, dwyn a benthyg fu hi arnyn nhw byth ers hynny a'r cerdyn yn rhan annatod o'u goroesiad. A doedd fawr o wahaniaeth rhwng y naill focs a'r llall erbyn hyn tasa hi'n dŵad i hynny. Ychydig duniau o lysiau a ffrwythau, bisgedi, blawd, sebon a photelaid fechan o ddŵr, ar ddiwrnod da, oedd y cyfan y gellid ei ddisgwyl. Roedd dŵr fel aur yno bellach. Pobl wedi heidio i Ynys Prydain ar un amser am fod digonedd ohono i'w gael yma. Ond daeth y dyddiau da i ben a phawb yn gwarafun pob diferyn i'r sawl nad oedd ganddo'r hawl gynhenid i fod yma i ddechrau cychwyn, ac yng ngolwg rhai roedd Jake yn un o'r rheiny. Estron oedd o yng ngolwg (ac yng nghlust) llawer un. Roedd y milwyr yn bla hyd y lle ers wythnosau. Curo ar ddrysau. Waldio ffenestri. Llusgo ambell un o'i wely gefn trymedd nos. Mynnu tystiolaeth. Pasbort. Tystysgrif geni. Trwydded. Dyna pam yr oedd gofyn symud ymlaen o hyd.

Brasgamodd Jake tua'r eglwys. Y peth dwytha oedd ei angen arno fore heddiw oedd cael ei holi gan un o'r fyddin. Dim loetran. Osgoi unrhyw helbul. Peidio dal llygaid yr un ohonyn nhw. Er bod ganddo'r papurau angenrheidiol, pe câi ei holi, doedd dim dal ar fympwy'r Teyrn. A'r llywodraeth bellach dan ei awdurdod haearnaidd o, doedd wybod pa newid ddeuai o fis i fis, o wythnos i wythnos, o ddydd i ddydd.

Sylwodd fod ambell un o'r tai yn dechrau cynnau eu haddurniadau lliwgar a'u ffenestri'n sioe i gyd. Byddai Mari wedi dotio o'u gweld. Rhyfeddai ar unrhyw olau, waeth o ble y deuai. Er na allai ddirnad sut y medrai unrhyw un fforddio'r fath foethustra, byddai'n dal i ryfeddu ar y goleuni. Roedd Mari fel 'tai hi'n gallu amsugno goleuni o ba le bynnag y deuai.

Yr ochr arall i'r stryd roedd eglwys fechan y Santes Fair yn agor ei drysau'n blygeiniol i'r tlawd a'r anghenus dan olau ychydig ganhwyllau. Doedd fiw gwastraffu egni'r wlad mewn unrhyw adeilad na allai fforddio ei beiriant cynhyrchu ei hun. Gallech, felly, wahaniaethu rhwng yr ardaloedd tlawd a'r rhai cyfoethog yn y nos dduaf yn ogystal â chefn dydd golau.

Tyrrai'r tlodion o hyd i'r capeli a'r eglwysi. Roedd hi'n talu i'w cadw mewn gobaith. Eu tawelu ag ychydig ffydd a'u parlysu â chnegwarth o gariad bob yn hyn a hyn. Ac mae'n bwysig i'r Teyrn gadw'i dlodion, o bawb, yn dawel. Mygir unrhyw fân chwyldro cyn iddo egino hyd yn oed. Duw gadwo'r Teyrn!

*

Roedd y botel ddŵr yn hanner llawn a chaniataodd Mari un llymaid arall iddi ei hun. Llwnc go helaeth y tro hwn. Roedd ei syched yn fawr. Er y gwyddai y byddai'n fwy o fendith iddi'n nes ymlaen, roedd angen yn drech na'i synnwyr. Teimlodd boen arall, ychydig yn ffyrnicach na'r un cynt, yn morthwylio yn ei bogel. Un llwnc arall ac wedyn fe âi i orwedd ar y llawr am sbel. Byddai Jake yn ei ôl cyn bo hir. Rhoddodd ei air iddi na fyddai'n oedi. Ond un siaradus fu Jake erioed, a doedd dim dal lle y byddai'n hel ei draed pe bai'r sgwrs yn felys a'r cwmni'n dda.

Gorweddodd yno'n mwytho'i phoen gan rwbio'r botel yn ysgafn dros ei thalcen llaith. Teimlai'n saff yma. Tipyn mwy diogel na'r lloches cynt. Bu'n rhaid iddynt ddianc o ogledd y ddinas rai dyddiau'n ôl pan gawsant achlust fod cyrch i fod gan y fyddin ar y tyrau o fflatiau lle y buont yn llochesu am rai misoedd. Roedd hi fymryn yn dawelach y pen yma i'r ddinas a phresenoldeb y milwyr yn llai amlwg. Gobeithiai nad oedd Jake wedi mentro'n rhy bell i ganol y ddinas. Roedd ei acen yn dew a lliw ei groen fel cusan brad. Er bod ei ofal ohoni'n fawr, gwyddai hefyd y mentrai unrhyw beth er ei mwyn. Ond nid addfwynder a thynerwch a maddeuant oedd yn cadw rhywun yn fyw y dyddiau hyn. Roedd angen traed a chlust yn agos i'r ddaear a phâr o lygaid y tu ôl i'r pen. Ond roedd Merched Magi wedi gofalu'n dda amdanynt hyd yma. Ganddyn nhw yr oedd y wybodaeth am y rhwydweithiau tanddaearol a allai gynnig achubiaeth iddynt. Bywyd newydd. Dihangfa. Un llymaid arall. Cadw'i nerth. Byddai angen pob owns ohono yn y dyddiau oedd o'i blaen.

*

Un o Ferched Magi oedd Melangell; Cymraes lân loyw a ffrind pennaf i Jake a Mari. Tybiai Jake y byddai Mel yn siŵr o gael bocs o nwyddau go helaeth iddo os mai hi fyddai'n rhannu fore heddiw. Gwyddai am eu hangen.

Roedd Melangell a Mari'n ffrindiau bore oes; y ddwy wedi symud yma i Fanceinion wedi i'r chwyldro yn y gorllewin droi'n dân siafins. Meddiannodd y llywodraeth y rhan helaethaf o Fro Dathyl a gwastatir Caer Menai i greu cadarnle milwrol newydd i'r fyddin yno. Chwalwyd y cymunedau brodorol i bob cwr o'r wlad. Dyna'r drefn erbyn hyn. Clystyrau bychain o Gymry oedd yn weddill bellach, yr un mor wrthun i'r Sacsoniaid ag unrhyw leiafrif arall yn ein plith. Dyna fu polisi'r llywodraeth ers cyn cof: chwalu unrhyw gymuned yn sarn a chadw pawb i symud. Tuedd cymunedau yw creu arwyr. Does ond un arwr i fod – 'Duw gadwo'r Teyrn!' Dyna'r byrdwn a fynnir ar wefusau pawb, a dyna pam mae bodolaeth Duw yn anhepgorol – yn enwedig ymhlith y tlodion. 'Duw gadwo'r Teyrn!'

Rhoddodd Mel y bocs llawnaf y gallai gael ei dwylo arno i Jake gan addo y dôi draw yn syth wedi i'w shifft fore orffen. Teimlai fod Mari'n o agos at ei thymp ac roedd Pat, un arall o Ferched Magi, eisoes ar ei ffordd draw.

'Dwi'n diolchgar ichdi, Mel,' meddai Jake, yn mwynhau clywed ei gytseiniaid newydd yn crafu yn nwfn ei wddw. 'Nadolig llawen i chwi un ac oll' oedd ei hoff fyrdwn ers mis a mwy, a'i acen bron cystal â Merched Magi eu hunain. Gwyddai fod ganddo le i wella ar ei iaith newydd ond roedd o wedi anwesu'r cyfan a ddysgid iddo gan y merched am eu hanes a'u tras a'u llên. Edmygai eu dycnwch a'u dyfalbarhad i oroesi er gwaetha pawb a phopeth. Y peth cyntaf a ddysgodd ar ei gof oedd yr arwyddair uwchben y seler lle byddai'r 'merched' yn cwrdd:

'Fe dynn tebyg at ei debyg ym mhob Llan a thref,
Fel bod pawb ohonom bellach yn mynd â'i ardal
    gydag ef.'

Cwpled gan fardd o gyfnod ymhell bell yn ôl a roddai gysur eithriadol i Jake. Er na wyddai pryd na sut y deuai ar draws ei bobl ef ei hun bellach, roedd y 'merched' o hyd wrth eu gwaith, yn ceisio'i helpu i ailafael yn ei bobl a'i dras.

*

Chlywodd Mari ddim o'r curo ysgafn ar ddrws ei lloches. Roedd y poenau wedi treiddio'n dyfnach erbyn hyn, ac yn fwy cyson hefyd. Ymestynnodd am ei photel ddŵr. Dim ar ôl. Ceisiodd ganolbwyntio ar y boen. Rhoi ei holl sylw iddi. Poen esgor ydoedd. Poen bywyd. Doedd dim i'w ofni. Yr unig ofn oedd y cofio. Cofio'r noson yn yr eglwys naw mis yn ôl. Doedd dim llawer ers iddi hi a Jake ddechrau cyboli bryd hynny. Prin y gallech chi eu galw'n gariadon hyd yn oed. Ond i'r rhai oedd yn ei hadnabod yn dda, roedd Mari dros ei phen a'i chlustiau mewn cariad â'r bachgen llygatddu a ddaeth i ganu ei ganeuon dieithr i'r seler lle byddai Merched Magi'n cwrdd yn achlysurol. Canu eu caneuon a rhannu straeon am eu gorffennol oedd y brif dynfa i'r seler.

Er bod y rhan helaethaf o lyfrau a chofnodion wedi eu dinistrio gan y llywodraeth ers tro byd, does dim posib i neb gelu popeth erbyn hyn. Er mor llawn celwyddau a chasineb yw'r we fyd-eang bellach, mae hi hefyd yn fendith ac yn ffynnon pob gwybodaeth. All yr un Teyrn byth ddifa hanes a thraddodiad a ffordd o fyw bellach, waeth beth fo'i rym. Creu y cyfle i'w rhannu yw'r her i bob un ohonom. Dod o hyd i rywle lle mae pobl o'r un anian â chi yn cyd-ddyheu ac yn cwrdd. Defod a phasiant gewch chi yn yr eglwysi a'r capeli; rhaid mynd tan ddaear i gael gafael ar y gwirionedd mawr – selerydd, celloedd a chilfachau sydd hyd gyrion y ddinas, ymhell o olwg y milwyr.

Ychydig dros ddwy flynedd yn ôl y daeth Jake i'r seler hon am y tro cyntaf. Yn un o'r wynebau cyfarwydd hynny a ddeuai i'r 'ffynnon' yn Eglwys y Santes Fair gyda'i gerdyn cardod, roedd o wedi dechrau ymddiddori yn acenion dieithr y merched oedd yn rhannu'r bwyd yno ers sbel; wynebau cyfeillgar nad oeddynt, fel yntau'n amlwg, yn frodorion o'r ddinas hon. Sgwrsio â'r naill a'r llall. Gwên. Gwahoddiad i ddod draw i'r seler lle roedd y 'merched' yn cwrdd. Hanes yw'r gweddill. Bu'r cyfan fel breuddwyd i Mari ac yntau. Gydag un hunllef yn crogi'n gwmwl dros eu dedwyddwch bregus.

Clirio'r festri oedd Mari pan gyrhaeddodd y milwyr. Deuent i'r eglwys yn ddeddfol ar ddiwedd pob nos i ofalu nad oedd unrhyw gyfarfod, waeth beth fyddai'i natur, yn cael ei gynnal yno wedi'r oriau swyddogol. Rhannu bwyd i'r tlodion oedd yr unig hawl a roed i Ferched Magi ac roedd drws yr eglwys i'w gloi am chwech bob dydd heb unrhyw gwestiwn pellach. Oni wneid hynny, collent yr hawl i fod yno ar amrantiad.

Pam roedd angen anfon tri ohonynt i wneud gwaith un, Duw yn unig a ŵyr.

Chofiai hi ddim yn iawn beth yn union ddigwyddodd, ond sylwodd nad oedd yr un o'r tri yn sobr. Wedi lloffa drwy'r hyn oedd yn weddill o'r bwyd awgrymodd un nad oedd wedi cael ei wala. Be arall allai Mari ei gynnig iddynt i'w digoni? Mae'r gweddill fel amdo iddi erbyn hyn. Marwolaeth diweirdeb. I ychwanegu at eu cynnwrf fe'i llusgwyd hi at yr allor a rhwygo'i dillad oddi amdani. Tywalltodd un ohonynt win y cymun dros ei chorff noeth gan yfed y gweddillion a chynnig llwnc-destun i'r Teyrn o dan ei faner ef. Yno, yn wylo ar yr allor, y cafodd Jake hi'n gorwedd yn ei gwaed.

Ychydig fisoedd wedyn, ar noson eu priodas, canodd yn dawel yn ei chlust. Cyfareddodd hi a llanwyd hi â'r goleuni o'r newydd a diflannodd y tywyllwch yn llwyr:

Avvon d-bish-maiya, nith-qaddash shim-mukh.
Tih-teh mal-chootukh. Nih-weh çiw-yanukh:
Ei-chana d'bish-maiya: ap b'ar-ah.
Haw lan lakh-ma d'soonqa-nan yoo-mana.

*

Curodd Pat yn ysgafn ar ddrws y lloches ond doedd neb yn ateb. Yn y tawelwch gallai glywed Mari'n ceisio mygu'i griddfannau yn y cwrlid. Doedd fiw gwneud gormod o sŵn. Lloches dros dro oedd hon, fel y gweddill. Pan gyrhaeddai'r baban byddai'n rhaid dianc unwaith yn rhagor. Doedd neb yn fodlon cymryd y risg o roi lloches i newydd-anedig ymhlith y tlodion. Doedd dim hawl i epilio ymysg yr isel rai. Lle rhai felly oedd cael gwared a 'diflannu'. Roedd ambell un yn llwyddo i roi eu babanod siawns i'w mabwysiadu, ond roedd gofyn i'ch papurau fod mor lân â dyfroedd Babilon i chi allu hyd yn oed ystyried yr opsiwn hwnnw. Pe dewisech ddod â phlentyn difreintiedig i'r byd, nid yn y ddinas hon roedd mentro ar y fath lwybr. Allan ar y cyrion roedd eich unig obaith, lle heb na chrystyn na chardod i'w gael yn unman. Dim ond y dewr a'r cryf allai oroesi allan yn y wlad y dyddiau yma, lle nad oedd rhwydwaith danddaearol i'ch cynnal, a lle roedd cymuned wedi mynd mor denau ag asgell gwybedyn.

Roedd gan Pat ei hallwedd ei hun i'r lloches ac aeth i mewn ar ei hunion i'r stafell lle y gorweddai Mari. Sylwodd yn syth fod y baban ar fin cael ei eni ac anfonodd neges at Casi i ddod ar ei hunion. Doedd hi ond ychydig funudau i ffwrdd, gyda chyflenwad o ddŵr glân a rhagor o lieiniau. O fewn dim roedd Mari'n gwthio a phen y ferch fach ar fin ffrwydro i mewn i fyd o wenwyn. Cyrhaeddodd Jake â llond ei hafflau o nwyddau a llun o'r Teyrn yn syllu arno o dudalen flaen y *Kingdom News* yn rhybuddio pobl ei deyrnas i gadw llygad barcud ar yr hyn oedd yn digwydd o'u cwmpas. Galwai ar i'r bobl amau eu cysgod eu hunain yn y misoedd oedd i ddod. Roedd si ar led ac arwyddion yn y lloer a'r sêr yn darogan gwae: 'Peidied neb â rhoi ei ffydd mewn un dyn byw ond yn eich Teyrn a'i Waredwr. Gwnewch eich cymundeb â Duw ac yna ewch yn ôl i'ch tai i weddïo dros eich gwlad a'i harweinwyr. Duw gadwo'r Teyrn!'

*

Noson dawel o wanwyn oedd hi pan aeth Jake a Mari draw i waredu'r ddau o'u poen. Doedd dim i'w ennill o wneud cwyn o fath yn y byd am ymddygiad y milwyr – piso'n erbyn y gwynt fyddai cyhuddo a phwyntio bys. Mynnodd Magi na fyddai unrhyw un o'i merched yn cael eu cornelu ar eu pen eu hunain yn yr eglwys o hynny ymlaen.

Gwahoddwyd Mari i ddod ati hi i wared ei hun o'r drwg o fewn yr wythnos. Nid y byddai unrhyw weithred yn dad-wneud yr hyn a ddigwyddodd ar allor yr eglwys, ond byddai'n rhyddhau'r ddau o orfod wynebu'r cur o eni plentyn i fyd mor llygredig. Fyddai'r un ohonynt yn saff pe dôi'r wladwriaeth i wybod. Doedd yr un o'r ddau wedi amau am eiliad y byddai Magi yn mynd yn groes i'w chyngor ei hun wedi iddyn nhw gyrraedd.

Cymerodd un olwg ar y sgan o'r plentyn yn y groth a daeth gwrid i'w gwedd ar amrant. Clywodd ei galon yn curo mor dyner â phetalau'n cwympo, ac er bod yr offer ganddi i gyflawni'r weithred mewn ychydig funud-au, fe gadwodd y cyfan yn dawel gan ddweud wrth Mari a Jake na allai hi wneud y gwaith y disgwylid iddi ei wneud. Ystyrid Magi'n ddoeth gan bawb yn y byd tanddaearol a pherchid hi i'r eitha'n wastadol. Bu fel mam i'r anghenus ers blynyddoedd a'i merched yn estyn breichiau hyd at gyrion y ddinas i'r sawl a'i myn. Feiddiai yr un o'r ddau anghytuno â hi. Ond roedd ei geiriau yn peri braw i Mari ac yn benbleth mawr i Jake. Gwrandawodd y ddau ar ei chyngor a'i chyfarwyddiadau fel pe mewn llesmair llwyr. Dywedodd wrth Mari:

'Ni fydd diwedd ar y bywyd sy'n gorwedd yn dy groth ac nid plentyn trais a genhedlaist. Fe'i cedwi'n saff

yn dy ddyfroedd hyd nes y daw dydd ei enedigaeth.
Byddi'n dawel yn dy boenau a daw dy esgor â llawenydd
yn ôl i'r byd.'

Suddodd ysgwyddau Jake fel carreg i bwll diwaelod.
Gafaelodd Magi'n dyner yn ei law yntau a theimlodd ei
anadl yn tawelu gyda'i chyffyrddiad.

'Pan ddaw'r gaeaf, fe af â chwi i loches yn neheu'r
ddinas. Wedi geni'r ferch fach yno a'i pharatoi ar gyfer
eich siwrne, fe af â chwi i gyrion y ddinas lle y bydd
dihangfa'n eich aros. Bydd papurau wedi eu paratoi i
sicrhau tramwyfa esmwyth a cherdyn mynediad a fydd
yn eich arwain i ddiogelwch yn yr hen wlad. Fydd dim
llifeiriant o laeth a mêl yno'n eich disgwyl, mwy nag yn
unman arall, ond bydd yno rai i arwain yr un fechan i
ddod i ddeall ffordd cyfiawnder a maddeuant. Fel yr wyt
ti, Jake, wedi maddau i'r rhai a droseddodd yn eich
erbyn chwithau.'

'I ble'n union fyddwn ni'n mynd?' holodd Jake, fel pe
bai'n deffro o hunllef.

'I bentref bychan yn Nyffryn Ceidrych. Byddwch yn
saff yno, hyd nes y daw arwydd pellach y bydd yn rhaid
ichi symud yn eich blaenau. Bydd y plentyn wedi tyfu
a'ch gadael erbyn hynny.'

Roedd yn drist gan Mari glywed hyn ond roedd y
goleuni a oedd eisoes yn ffrydio o'i mewn yn ei chynnal.
Fel hyn yr oedd pethau i fod.

*

Pan gyrhaeddodd Mel, roedd y baban yn gorwedd ym
mreichiau ei fam a heddwch yn llenwi'r lloches.
Golchwyd traed y rhieni ag olew ac fel yr oedd Casi a

Pat yn casglu ynghyd y cyfan a fyddai ei angen arnynt ar gyfer eu taith, fe aethant i baratoi bwyd yn y tawelwch.

Daeth cnoc ysgafn ar y drws a fferrodd pawb yn eu hunfan. Deffrodd y baban. Milwyr? Sut yn y byd y daeth unrhyw un i wybod am eu cuddfan? Roedd Magi bob amser wedi bod mor ofalus. Er y caniateid i weithwyr elusen gael ffonau gan y wladwriaeth, roedd Magi wedi siarsio'i merched i beidio â'u cario i'r un o'r llochesi, neu fe allai'r fyddin olrhain eu camau yn syth a synhwyro patrwm eu mynd a'u dod. Sut felly y daethant o hyd i guddfan y gwnaed popeth o fewn eu gallu i'w chadw'n gêl?

Atebodd Casi'r drws a'i chalon yn curo yn erbyn ei bron. Pedwar bachgen bach oedd yno, tri bugail ac un angel, yn canu'r unig garol y gall pawb ei chanu ar eu cof erbyn hyn. Cân am orfoleddu ac am addoli'r Crist a'r Teyrn.

'O come let us adore him, Christ and King!'

'God save the King!' bloeddiodd yr angel mor uchel nes peri i'r baban grio'n ei grud.

'God save the King,' ategodd Casi'n wantan.

Rhoddodd Pat damaid o deisen bob un iddyn nhw a photel o ddŵr i'w rhannu.

'Can we see the baby?' gofynnodd un pan glywodd y baban yn wylo.

Agorodd Mel y drws a rhyfeddodd y bechgyn, gan ruthro tuag at y newydd-anedig i gael gwell golwg arno.

'What's its name?' gofynnodd y lleiaf o'r pedwar, gan dynnu llygoden fechan o'i boced.

'Esyllt,' meddai Mari'n dawel. 'Her name is Esyllt.'

Edrychodd y pedwar ar ei gilydd cyn troi'n ôl a dweud, 'Never heard that name in my life before.'

'You might, one day,' meddai Pat, gan esbonio y byddai'n rhaid i Mari orffwys rŵan gan ei bod wedi blino'n llwyr.

Cynigiodd y lleiaf ei lygoden i'r baban a derbyniodd Jake hi gan ddiolch iddo.

'It's me best one, tha',' meddai'r bychan, 'but Esult can 'ave it for good luck.'

Rhoddodd yr ail fugail lun yr oedd wedi ei wneud yn yr ysgol i Jake. 'This was me mum's Christmas present, but you can 'ave it … for the baby,' meddai, a rhoddodd Jake y llun ar y wal uwchben gwely Mari. Llun crud bychan a goleuni'n tasgu ohono fel pelydrau haul.

Heb rybudd o fath yn y byd, estynnodd y trydydd, a'r talaf o'r bugeiliaid, declyn o'i boced a thynnu llun o'r baban. Fferrodd pawb heb allu yngan gair i'w wahardd.

'Gonna send tha' to me da',' meddai, gan anfon y llun fel ar adenydd colomen ddi-wifr o un pen i'r ddinas yn syth i farics y fyddin ar ei chyrion.

Roedd y newydd ar daen. Canys yr oedd baban wedi ei eni yn y ddinas, na ddylai fod yno. Dôi'r Teyrn i wybod cyn hir, a fyddai bywydau'r tlodion byth yr un fath wedi hynny.

'Everyone will know about her now,' meddai'r angel. 'John's got loads of followers. She'll be really famous, you'll see.'

*

Anfonwyd cant o filwyr draw – rhan o'r sgwadron oedd â'i safle o fewn tafliad carreg i'r fan lle y ganwyd y baban Esyllt. O fewn munudau, atseiniai hoelion eu hesgidiau ym mhwll y grisiau a arweiniai i'r lloches. Hanner cant o filwyr arfog yn curo'n drwm ar y concrid oer tra amgylchynai'r hanner arall bob allanfa a dihangfa bosibl o'r adeilad simsan. Anelai pob arf tuag at y drysau a'r ffenestri, a chwalwyd y drws y bu'r bugeiliaid a'r angel yn curo'n ysgafn arno ychydig funudau ynghynt.

Bloeddiwyd gorchymyn i bawb oedd o fewn y lloches roi eu dwylo uwch eu pennau a cherdded tua'r drws yn araf, ond ddaeth yr un enaid byw i'r golwg. Rhuthrodd deg o'r milwyr i mewn gan floeddio'n uwch, gwn yn uchel ar bob ysgwydd yn barod i saethu petai raid. Ond chafwyd dim oll – dim ond un gannwyll yn olau ar lawr yr ystafell lle y ganwyd y baban, a geiriau na allai neb wneud pen na chynffon ohonynt ar ddarn o bapur uwch gwely Mari: 'Beth yw'r byd i blant y llawr?' A llun a wnaed gan fugail dau o grud yn siglo.

'What in hell's name does that say?' gofynnodd y rhingyll i un o'i filwyr.

'Some gobbledygook. Means nothing.'

'Get it checked out. It might lead to something.'

Gorchmynnodd y rhingyll i'w filwr alw'r arbenigwyr fforensig i mewn i wneud archwiliad o'r lle hefyd. Roedd olion gwaed a dŵr hyd lawr yr ystafell. Olion y geni, mae'n siŵr. Fyddai neb arall yn gwastraffu dŵr mewn lle mor dlawd â hyn. Byddai'n rhaid gwneud samplau DNA ohonynt ar unwaith.

Edrychodd y milwr unwaith eto ar y llun o'r plentyn bach a'i fam – llun a oedd bellach y cael ei rannu drwy bob cyfrwng ar hyd y wlad. Aeth y gair ar led. Hwn oedd yr arwydd y bu'r Teyrn yn ei ofni ers amser maith.

Oedodd am ennyd. Roedd y milwr yntau'n amau rhywbeth. Amau ei fod wedi gweld y fam yn y llun yn rhywle o'r blaen. Syrthiodd ar ei liniau ger y dyfroedd a'r gwaed. Wylodd yn hidl.

Chwarae'r Rhan

ANWEN PIERCE

Roedd gan Mari berthynas od â'i haeliau. Ni allai ddweud yn union pam na phryd y dechreuodd hi fod yn ymwybodol ohonyn nhw a'u styfnigrwydd, ond wrth iddi syllu ar ei hadlewyrchiad yn y ffenest fawr, a'r düwch cynnar, gaeafol y tu allan yn gefndir, gwyddai y byddai'n rhaid cymodi â hwy, a hynny'n fuan. Ceisiodd eu codi fesul un drwy grychu'i thalcen.

'Mari, ti'n dal yno? Ti'n ocê, blodyn?'

Cododd ei haeliau eto a throi ei phen i'r ochr, y ffôn wedi'i wasgu'n dynn rhwng ei chlust a'i hysgwydd chwith; gallai glywed llais Jasmine, ei hathrawes ioga, yn ei dwrdio am ddal y fath ystum lletchwith.

Yn y ffenest gwelai Mari ddynes ganol oed ddieithr mewn dillad di-liw. Plygodd ei phen er mwyn edrych ar ei thraed. Gwgodd ar y sgidiau diolwg.

'Mari, ti'n 'y nghlywed i? Wyt ti'n ocê?'

'Mmm? Ydw, siŵr. Sori, Alwen, dyw'r signal ddim yn wych yng nghefn y tŷ.'

Roedd hi'n falch iddi fedru meddwl yn gyflym. Doedd ei galar ddim wedi pylu'r gallu hwnnw, sylweddolodd â rhyddhad. Tasai Alwen yn amau am eiliad nad oedd

Mari'n ddigon cryf i fod ar ei phen ei hun, byddai'n rhuthro draw a'i gwynt yn ei dwrn, yn sŵn i gyd. Doedd Mari ddim yn barod; ddim eto.

'Drycha, mae 'di bod yn gwpwl o ddiwrnodau hir … i ni i gyd. Gwely cynnar amdani, a ffonia i di yn y bore, ie? Be am gwrdd yn y caffi, 'run amser ag arfer?'

Roedd gofid Alwen am ei ffrind gorau i'w glywed yn y saib hir.

'Ocê, ond ti'n gwbod y medri di ffonio yn ystod y nos os wyt ti angen sgwrs … nos da, a cym ofal.'

Diffoddodd Mari'r ffôn bach, ei osod ar y bwrdd coffi, a dychwelyd at yr adlewyrchiad a rythai 'nôl arni o ffenest fawr y patio. Mentrodd wenu'n dawel wrthi'i hun wrth gofio am y llond tŷ a fu yno ddoe, ac Alwen yn eu canol fel arweinydd côr plant mewn steddfod, yn llywio pobl i'w llefydd â threfnusrwydd milwrol, ac yn rhannu'r *vol-au-vents* a'r sieri yn ymwthiol o boléit. Ochneidiodd Mari wrth fwynhau'r ysbaid hon o dawelwch ar ôl y prysurdeb a'r straen. Symudodd un ael gam eto a'i gwylio'n codi; ie, apwyntiad yn y salon amdani'n fuan, meddyliodd.

Roedd briwsionach y brechdanau samwn a fu yno ddiwrnod ynghynt wedi'u clirio, diolch i'w chymdogion gor-frwd, a'r wên wedi'i diosg a'i gadael ar y bwrdd coffi, yn gwmni i'r gwydraid hanner gwag o Merlot. Rhyddhad oedd cael tynnu'r ffrog ddu, dynn (ond â'i godre fymryn yn is na'r pen-glin) a'r perlau a grogai'n drwm am ei gwddw ers ben bore heddiw a thrwy'r dydd ddoe, heb sôn am y sgidiau (â'u mymryn lleia o sawdl) y gwthiodd ei thraed iddyn nhw am yr ail ddiwrnod yn olynol.

'Bydd fisitors yn siŵr o alw eto heddiw, cofia,' oedd

cyngor Alwen pan ddaeth amser brecwast y bore hwnnw, a gadawodd Mari iddi ffysian drosti. Roedd hynny'n haws.

Gofalodd Mari blygu ei phen a chrymu ei hysgwyddau rhywfaint. 'Y ffrog ddu amdani eto, 'te. O leia mae o'n arbed i mi fod yn y llofft 'na am fwy na phum munud a gorfod mynd i ganol ei bethe fo a ...' Gobeithiai fod Alwen yn syllu arni.

Gafaelodd honno'n dyner yn ei llaw. 'Ddaw hi'n haws, Mari. Dwi'n gwbod bod pawb yn 'i ddeud o, ond amser ydi'r meddyg gorau.'

Fe aeth y diwrnod, rhwng hwn a'r llall yn galw, a'r mân dasgau dibwys oedd i'w gwneud wedi'r angladd ddoe, a cheisiodd Mari, drwy'r cyfan i gyd, gadw'i hurddas a chwarae'i rhan. Bellach, a'r tŷ'n llonydd ac yn dawel, gallai gau llenni'r stafell fyw, a chuddio'r goleuadau mân, tsiep oedd yn blastar o ddandryff dros do'r tŷ drws nesa, a'r horwth o Siôn Corn plastig a wenai'n haerllug arni bob tro yr âi heibio iddo. Roedd ei choeden Dolig fach hi, yr un ddaeth o'r atig ar ôl i bawb adael – yn llawer mwy chwaethus. Fflicciodd y swits a chydio yn y gwydraid o Merlot.

*

'Be gymwch chi, ledis – dau *latte*?'

Daeth Beca at y bwrdd lle'r eisteddai Mari ac Alwen yng nghefn Caffi Cynnes, a gwasgu ysgwydd Mari'n dyner. 'Braf dy weld di'n mentro allan, 'mechan i. Cwmni sy eisie arnat ti ar adege fel hyn, yndê, Alwen? Dod i ganol pobl. Sdim pwynt eistedd yn tŷ yn sbio ar bedair wal ar dy ben dy hun.'

Roedd Alwen wedi cofio awgrym Mari ar y ffôn y noson cynt (wrth gwrs), ac wedi galw amdani'n blygeiniol a'i hwrjio trwy ddrws y caffi fel dafad i'r gorlan. Fel arfer byddai'r ddwy'n cythru am un o'r byrddau yn y ffenest fawr a chael modd i fyw wrth wneud sylw ar bobl y dre, yn *townies*, myfyrwyr, gweithwyr swyddfa a phensiynwyr â'u mynd a'u dod ym mhob tywydd. Ac er bod bwrdd gwag yn eu lle arferol, gofalu mynd i'r cefn wnaeth Mari'r tro hwn, a thaflodd Alwen ryw olwg 'jest-paid-deud-dim' sydyn at Beca wrth ei phasio.

Arhosodd Mari nes bod Alwen ryw hanner ffordd trwy'i phaned, a'r ewyn yn gysgod o fwstásh uwch ei gwefus, cyn mentro arni. Trodd ei llwy yn araf drwy'r hylif ar waelod y mỳg. Cymerodd anadl ddofn, ddistaw drwy'i thrwyn, fel y dysgodd Jasmine hi, er mwyn tawelu'r nerfau. 'Alwen ... drycha, dwi'n ffansïo brêc bach yn rhywle'n fuan, rhywle tawel ar 'y mhen 'yn hun, ar ôl i mi gael trefn ar bethe. Ti'n deall, on'd wyt?' Llowciodd ei choffi'n swnllyd, gan aros am y don o *clichés* y gwyddai oedd ar ddod i'w gwlychu at ei chroen.

'Ben dy hun?' Bu bron i Alwen dagu ar y gegaid o *latte*. 'Mae'n rhy fuan, Mari fach. Ddoi di byth i ben! Sbia'r cyflwr ti ynddo fo. Cwmni sy eisie arnat ti, ffrindie da o dy gwmpas a hynny yn dy gartre dy hun. Ac mae bron yn Ddolig! Gad hi tan y gwanwyn, yndê, Beca?'

Roedd honno â'i chlwtyn sebonllyd wedi ymddangos yn sydyn, gan glirio'r llestri o'r bwrdd drws nesa, ei chlustdlysau coed Dolig fflachiog yn taro ochr ei hwyneb wrth iddi droi ei phen at y merched. Ceisiodd roi'r argraff mai cyd-ddigwyddiad llwyr oedd y ffaith iddi fod wrth y bwrdd drws nesa ar yr union eiliad honno … doedd hi ddim yn cael ei galw'n Becs-hel-clecs am ddim byd. 'Yn hollol. Newydd fynd mae o, 'nghariad i. Ti'n dal mewn sioc. Drycha, a' i i nôl paned arall, a gewch chi sgwrs iawn am y peth. Mae'n ddigon preifat yn y gornel fach 'ma; fydd neb yn eich clywed chi.'

Ciledrychodd Mari ac Alwen ar ei gilydd, a daeth y wên leia i wynebau'r ddwy. Eisoes roedd Beca wedi symud at un o fyrddau'r ffenest, a'i 'Be gymwch chi, ledis?'

O'r diwedd, wedi i Mari ryw led-gytuno ag Alwen mai aros oedd y peth gorau, wedi i honno restru'r holl drychinebau erchyll fyddai'n digwydd yr eiliad fyddai Mari'n rhoi blaen bys ei throed o'i chynefin, llwyddodd i ddianc o afael Alwen trwy roi rhyw esgus ei bod hi angen siopa. Gadawodd hi a Beca'n siarad yng nghefn y caffi. Er mai prisiau papur lapio oedd y pwnc tra oedd Mari o fewn clyw, gwyddai y byddai'r ddwy, yr eiliad y byddai ei chysgod yn y drws, yn orbarod â'u sylwadau amdani, am sut roedd hi'n ymddwyn a sut roedden nhw am ei helpu trwy ei chyfnod anodd, a'i chadw'n brysur.

Aeth Mari heibio siop Audrey's – gallai ddychwelyd y sgidiau du â'r sodlau byr; wedi'r cyfan, dim ond yn yr amlosgfa garpedog, drymaidd ac yn y tŷ y gwisgodd nhw. Doedd hi byth yn bwriadu eu gwisgo eto. Gallai eu cyfnewid am y pâr o fŵts lliwgar, sawdl *wedge* welodd hi trwy gil ei llygad yn y ffenest rai dyddiau'n ôl, a hithau'n ceisio cynnal sgwrs ddwys rhwng hwn a'r llall yr un pryd. Ac yn wahanol i Alwen, byddai Audrey yn deall.

*

Wrth i'r dŵr sebonllyd droelli i lawr y plwg y noson honno, meddyliodd Mari am rai o'r bobl fu yn ei chartref wedi'r angladd, yn mynnu stwffio'u hunain i bob cilfach o'i soffa ledr a gwasgu pob clustog brethyn yn belen dynn, straenllyd, yn llenwi pob modfedd o'i stafell fyw gyfyng nes bod y waliau'n cau amdani a'i sgrech yn mygu y tu mewn iddi. A thrwy'r cyfan, cadwodd yr hanner gwên addas ar ei hwyneb a'r lleithder disgwyliedig yn ei llygaid. Daliodd ddwylo chwyslyd y Parch. Mathias pwyllog a Mr Wilmington boliog, annwyl o bwyllgor y neuadd am yr amser priodol, siaradodd yn ddestlus ddigon â dwy fodryb grychiog a fu'n hen ers cyn cof, ynghyd â sawl ffrind i'w chyn-ŵr nad oedd ei hadnabyddiaeth ohonyn nhw'n fwy nag adnabyddiaeth cerdyn Dolig neu gyfarchiad dwysillafog wrth basio ar y stryd. Gwyddai y byddai'n rhaid iddi arfer â'r gair 'gweddw', ac arfer edrych i fyw y llygaid tosturiol a theimlo'r cyffyrddiadau pitïol ar ei hysgwydd. Wyddai hi ddim am faint y byddai'n rhaid iddi chwarae'r rhan, ond diolchodd ei bod hi'n actores reit dda – bu'r blynyddoedd diwethaf yn hyfforddiant purion iddi yn yr yrfa honno.

A wnaeth hi ddethol y geiriau priodol wrth iddi gael ei chysuro?, gofynnodd iddi'i hun wrth iddi sychu'r llestri a'u cadw. A nodiodd hi'n rhy aml wrth i Bob o'r Clwb Bowls dalu ei deyrnged hyfryd, rhwng cegaid o samosa madarch a llymaid o Earl Grey – y cyfan wedi ei baratoi yng nghegin Haulfryn, ag Alwen wrth y llyw. Poenai Mari iddi fod, efallai, yn orddagreuol pan afaelodd Owain Roberts ynddi – rheolwr y cwmni cyfrifwyr lle bu ei gŵr yn gweithio ers deuddeng mlynedd. Roedd ei grio yntau yr un mor rhwydd â'i chrio hithau, ond dagrau go iawn oedd gan Owain.

A'r gegin bellach yn daclus, cododd ei gwydraid gwin – Sauvignon Blanc heno, am newid – a syllu allan i'r nos. Edrychodd ar y ffôn bach. Un tecst. Alwen.

Ocê? Wnest ti'r siopa? Caffi am 10 eto fory? Becs yn mynnu. Pawb yn swmba heno'n holi amdanat. Sesiwn ola cyn Dolig. OMB! xxx

Gwell iddi decstio 'nôl neu mi fyddai yna alwad ffôn yn siŵr o ddod, neu gnoc wyllt ar y drws.

Iawn, diolch. Swmba?? Go brin. Gwin a gwely cynnar? Ie!! 10 amdani 'te xxx

Er i'r ddwy fod yn ffrindiau ers blynyddoedd, yn mynychu'r un digwyddiadau, yn troi yn yr un cylchoedd ac yn gaeth i'r un rhigolau, cyfeillgarwch hap a damwain oedd ganddyn nhw. Dim ond am haenau uchaf ei bywyd y gwyddai Alwen, sylweddolodd Mari wrth fwynhau surni ffres y gwin. Ac er iddi baldaruo mewn ffordd ddigon ffwrdd-â-hi am y patrwm dyddiol bondigrybwyll a'r rwtîn undonog (a Mari'i hun oedd y cynta i ladd ar wragedd canol oed eraill a gwynai fel hyn), doedd gan Alwen ddim syniad faint roedd hyn wedi pwyso ar Mari dros y blynyddoedd. Bu tynnu coes wrth i'r ddwy sôn am arferion eu gwŷr, wrth gwrs, ond crafu'r wyneb a wnâi'r sgyrsiau hynny, codi mymryn ar y grachen a guddiai'r briw.

Ac roedd Mari bellach wedi dringo o'r rhigol, yn rhydd o'r ddyletswydd o gael popeth yn barod er mwyn i'w gŵr fynd i'w waith – y brecwast ar y bwrdd (yr un grawnfwyd, yr un fowlen, yr un blas jam ar ei dost), y frechdan yn ei focs plastig (yr un cynhwysion a'r un bocs bob dydd), a'r un lliw crys – dyma oedd y patrwm dyddiol.

Gosododd Mari'r gwydryn ar ben un o gypyrddau'r gegin a sychu'r anwedd o'i dwylo. Cyffyrddodd â chroen ei hwyneb yn ysgafn – bron na allai hi deimlo ôl ei gusan (8.20 a.m.) ar yr un man ar ei boch chwith a'i weld yn codi llaw'n sydyn o'r un man yn union wrth giât Haulfryn, a hithau'n hanner gwylio drwy gyrtens net ffenest y lolfa. Gallai glywed ei gyfarchiad wrth iddo ddychwelyd o'r swyddfa (5.33 p.m.) gyda'r hwyr, cyn cychwyn ar y drefn nosweithiol o fwyta swper, a chleber di-baid y teledu'n mygu'r angen am fân sgwrs.

Deffrowyd Mari o'i meddyliau gan wichian y ffôn bach:

Dim gormod o vino, cofia. Diwrnod llawn fory. xx

Penderfynodd Mari beidio ag ateb Alwen y tro hwn. Gwagiodd y gwin i'w cheg yn sydyn ac arllwys gwydryn arall, gan ymlacio wrth weld taclusrwydd ei chegin. Roedd popeth, bellach, yn ôl fel y dylai fod, fel petai'r angladd a'r te a'r ffws a'r ymwelwyr yn ddim ond stori yn ei dychymyg ... fel petai'r ugain mlynedd o'i bywyd efo'i gŵr heb ddigwydd.

Er y mynych apwyntiadau a'r profion di-ffws, ni fu plant yn rhan o'u bywyd ... cofiai weld ei gŵr a'i ddagrau mud yn yr ardd, a hithau'n gwneud dim ond syllu ar ei gefn crynedig. Er bod degawd ers hynny, cofiai'n glir am y paralysis emosiynol a chorfforol yn ei rhwystro rhag estyn ato a'i gysuro. Methodd hyd yn oed â mynd o'r ffenest a chamu ato ar draws y lawnt er mwyn dangos iddo ei bod hi'n galaru hefyd. Roedd methiant y cynnig ola hwnnw ar yr IVF yn faich annirnadwy na lwyddodd y ddau i'w rannu. A beth wnaeth hi? Llechu yno'n fud a'i wylio drwy'r ffenest. Yn stelciwr. Cloi ei galar mewn pelen galed. Roedd cymaint mwy na thrwch gwydr yn eu gwahanu'r bore hwnnw.

Soniodd hi'r un gair wrth ei ffrindiau. Er bod gan y rheiny goliaid o blant, yr unig beth ddwedai Mari oedd rhyw gelwydd golau am ddamwain car pan oedd hi'n ei harddegau nad oedd hi am sôn amdani … a beth bynnag, on'd oedden nhw'n fodryb ac ewythr ac yn rhieni bedydd i hanner plant y dref? Dduw mawr, on'd oedd hynny'n hen ddigon?

'Paned bach – *change* o'r gwin 'ma,' meddai'n uchel, gan dorri ar ei synfyfyrion, a rhoi'r dŵr i ferwi ac estyn am ei hoff gwpan Denby smotiog. Byddai o'n gwgu wrth ei gweld yn defnyddio'r llestri gorau wrth gael paned ffwrdd-â-hi; roedd ganddyn nhw fygiau Tesco at y pwrpas hwnnw, byddai'n ei hatgoffa. Rhoddodd Mari hanner gwên wrth droi'r llwy yn araf, a gweld y briwsion coffi'n ymdoddi'n hamddenol a chlywed y tsieina'n tincial. Roedd rhywbeth yn eironig yn y ffaith mai'r llestri Denby ddefnyddiwyd yn yr angladd ddoe.

A llacio fesul tipyn wnaeth pwythau'r berthynas ar ôl y cyfnod anodd hwnnw wedi siom yr IVF, gan ddatod yn araf, araf bach fesul edefyn. Yn fuan wedi'r misoedd hynny y daeth Mari i wybod am y ddynes arall.

Daeth honno i'r angladd; gallai Mari deimlo ei phresenoldeb, er bod rhesi meinciau rif y gwlith rhwng y ddwy ohonyn nhw yn yr amlosgfa. Fentrodd hi ddim i ganol y *vol-au-vents*, nac i wasgu'i hun yn lletchwith rhwng Mr Wilmington ac Anti Bet hynafol ar y soffa ledr fach. Ai diffyg asgwrn cefn neu ddewrder oedd i gyfri am y ffaith na ddwedodd Mari yr un gair amdani wrth ei gŵr am yr holl fisoedd? Pam na allai hi ymateb yn reddfol, ei thymer yn ffrwydro yr eiliad roedd hi'n amau? Pam na allai hi fytheirio a lluchio'r cŵn tsieina gwerthfawr at waliau Haulfryn, a'i hiaith yn danbaid fel cymeriad mewn opera sebon? I ble'r aeth yr actores ddawnus bryd hynny?

Ond hogi'i chrefft a wnaeth Mari mewn gwirionedd, sylweddolodd hi wedyn. Dysgu i guddio'i theimladau'n ddyfnach, rhoi haenen fwy trwchus o golur normalrwydd dros ei chroen gwelw, tynhau llinynnau'r masg.

Perthynas boléit fu rhyngddi hi a'i gŵr wedyn, ac i'r byd y tu hwnt i'r gwydr dwbl ymddangosai'r pâr yn ddigon cyfforddus. Ond crebachu'n araf, araf a wnaeth Mari tu ôl i'r cyrtens net, a throi'n ddynes ganol oed sidêt, a hithau ddim ond yn ei phedwardegau. A sylwodd ei gŵr? A sylwodd unrhyw un? Esblygodd yn ddynes sgert-dros-y-pen-glin, sgidie di-sawdl, Merched y Wawraidd.

A thrwy'r misoedd olaf hyn, bu'r gofal a roddodd i'w gŵr drwy ei salwch brawychus o sydyn yn ddigonol a pharchus. Gofalai ddweud y pethau iawn wrtho, a smwddiai ei byjamas glas yn union fel yr hoffai. A chefnu wnaeth o ar y ddynes arall yn y diwedd, heb ryw ddrama fawr na llestri'n deilchion na bygwth ysgariad.

Cerddodd Mari drwodd i'r stafell fyw. Roedd ei ffotograff yn syllu arni o'r silff lyfrau. A wnaeth hi – hi, o bawb – ystyried o ddifri ei ysgaru? Wedi'r gwacter diblant, a'r siom a'i dilynodd, y dysgodd hi am salwch ei gŵr, ac aeth y syniad o ysgariad i'r gwynt. Pam mynd i'r fath drafferth, a ffawd yn amlwg o'i phlaid? A allai hi chwarae'r rhan at y diwedd? Yn wahanol iddi hi, allai ei gŵr ddim cuddio'r braw na'r ofn, ond chwaraeai hithau ei rhan yn arbennig, yn gofalu amdano, ac yn ddagreuol pan oedd angen bod. Hi oedd yr un drefnus, dan reolaeth, yn gofalu am y manion, a gwyddai y byddai hi'n gyfforddus ei byd wedi iddo ei gadael.

*

'Bydd angen i chi, Mr James, feddwl a odych chi am nodi pethe penodol yn yr ewyllys,' mynnodd Betsan Darcy, y gyfreithwraig ifanc, rai misoedd ynghynt. 'Os o's 'da chi bethe teuluol fel *antiques* neu ddodrefn arbennig, rhyw ddarne bach neis – chi'n gwbod y math o beth – ma angen i fi nodi 'ny. Wi'n gwbod, o nabod y teulu ers blynydde mowr, fod 'da chi lot o bethe hyfryd ar ôl eich hen fyn-gu yn Haulfryn. Wi'n siŵr y bydd 'da chi, Mrs James, gwpwl o awgrymiade 'fyd, a'ch bod chi am gadw ambell ddodrefnyn ... yn enwedig o ystyried yr amgylchiade.' Rhoddodd wên gydymdeimladol, broffesiynol i'r ddau ohonyn nhw dros yr ynys o ddesg dderw a lenwai'r swyddfa fyglyd.

'Gallwn ni drefnu hynny, wrth gwrs. Diolch i chi,' atebodd Mari'n boléit. Trodd at ei gŵr. 'Cariad, byddai Heti'n hoffi'r cŵn tsieina a'r jygiau Toby, a falle gaiff y ddreser fawr dywyll 'na fynd at Anti Freda?'

'Na, na, dwi'n gwbod mor hoff wyt ti o'r ddau gi bach. Yn Haulfryn mae eu cartre nhw. Ti 'di bod mor dda'n gofalu amdanyn nhw, a does 'na'm llychyn ar yr un o'r ddau. Gall Heti gael y gadwyn aur 'na welon ni wrth glirio – ti'n cofio honno? A ma 'na lestri Worcester neis yn yr atig ar ôl Anti Doreen ...'

'Wir nawr, bach,' torrodd Mari ar ei draws, gan geisio peidio swnio'n rhy frwd. Estynnodd am ei law a'i gwasgu. 'Mae Heti wedi bod mor dda i ni, on'd yw hi? Ac mae hi wedi dotio at y cŵn – wedi rhoi enwau iddyn nhw, hyd yn oed. Gad iddi gael nhw, ac os yw e'n tawelu dy feddwl, gymra i ofal o'r gadwyn am y tro. Gofala i ei bod hi'n mynd at dy nith pan ddaw honno 'nôl o Seland Newydd.' Ceisiai Mari ddefnyddio llais lleddf wrth sôn am y gadwyn hyfryd. Doedd Non eu nith, na diawl o neb arall o ran hynny, yn cael eu bachau ar honno – roedd yn *vintage* chwaethus – ond gweddïai y byddai Heti'n cael y blydi cŵn 'na oedd wedi bod yn syllu arni cyhyd ac yn hel llwch ac olion bysedd. A'r ddreser *teak*? Fe dalai Mari am y cludiant mewn arian parod fory nesa petai hynny'n golygu bod yr horwth yn mynd o Haulfryn, o'r diwedd. Gwenodd yn garedig ar ei gŵr.

Edrychodd Ms Darcy ar ei horiawr ddrud a symud llygoden y cyfrifiadur yn ffug brysur. Canodd y ffôn bach oedd ar y ddesg, a'r diwn lon yn anghydnaws ag awyrgylch lleddf y cyfarfod. Edrychodd ar y sgrin cyn cipio'r ffôn yn sydyn.

'Ma'n ddrwg 'da fi, rhaid i fi ateb hwn – cleient yn y llys. Achos pwysig ... Betsan Darcy'n siarad ...'

Aeth o'r swyddfa drwy niwl o Chanel a throi am y storfa fach drws nesa. Trodd y llais swyddogol yn sibrwd gyda chlep y drws.

'Wedes i bo' fi ddim ar ga'l i siarad heddi, Huw. Ma 'da fi'r Mr a Mrs James 'na mewn 'da fi. Hen fusnes sensitif.' Oedodd. 'Dere i gwrdd â fi ar ôl gwaith, iawn?' Gwasgodd y ffôn yn agosach at ei cheg a sibrwd yn anadlog, 'Caru ti.' Diffoddodd y ffôn, clirio'i llwnc a cherdded yn benuchel yn ôl i'w swyddfa. Huw oedd ei chyfrinach fach hi ac er bod yna rai oriau cyn iddi fwynhau ei gwmni, gallai deimlo ei fysedd chwareus eisoes ar ei gwar o dan goler ei blowsen.

'Sorri am 'na – chi'n gwbod fel ma ddi … Reit, lle o'n ni arni 'da'r ddreser?'

Syllodd â'i gwên ffug ar y ddau o'i blaen wrth iddyn nhw drafod llestri. Roedd hon am fod yn sesiwn hir.

Ac er gwaetha protestiadau'r gŵr, ac yntau'n gwybod mor ddeddfol y bu Mari'n gofalu amdanyn nhw ers blynyddoedd, yn yr ewyllys pennwyd cartrefi newydd i'r cŵn a'r creiriau gwerthfawr eraill, a'r cyfan yn cael mynd yn ddigon pell o Haulfryn. A dymuniad olaf ei gŵr yn y swyddfa daclus honno oedd nodi mai Mari oedd ysgutor ei ewyllys; doedd neb arall ganddyn nhw o ran teulu agos, ac roedd hi wedi bod mor dda wrtho dros y blynyddoedd, drwy'r cyfan i gyd. Gwasgodd Mari ei law o dan ddesg y gyfreithwraig eto wrth i honno deipio ar wib, ei hewinedd sgleiniog lliw *taupe* yn matsio'r flowsen sidan i'r dim.

Canai calon Mari wrth iddyn nhw adael y swyddfa'r bore hwnnw, a'i hwyneb yn hollol ddigyfnewid.

*

Roedd misoedd ers y sgwrs honno bellach, sylweddolodd Mari. Er gwaetha'r oerni, aeth hi allan i lwydwyll yr ardd, gan grwydro o gwmpas y borderi taclus yn y lled-dywyllwch, yn teimlo gwres ei chwpan yng nghledrau ei dwylo. Gallai weld goleuadau cysurlon ei choeden Dolig fechan drwy'r ffenest. Daeth cryndod i'r ffôn bach – Alwen eto, mae'n siŵr. Doedd hi ddim wedi ateb ei neges ddiwetha, yn nag oedd? Edrychodd ar y sgrin, ei golau gwyn yn goleuo'r gwyll:

I'm a celebrity mlaen mewn 10. Bushtucker Trial arall – digon o fwydod heno. Ychapych! Dim hunllefe, cofia xx

Gwenodd Mari. 'Alwen fach, sgen ti ddim syniad, oes 'na?' meddai wrthi'i hun.

Teipiodd yn sydyn: *Ocê. Am watsiad yr ail hanner. Dim hunllefe i ti chwaith! Xx*

Bu'r ardd hon yn ddihangfa i'w gŵr, ac ar y blodau a'r llysiau yn eu cwysi cymen yr arllwysodd ei dynerwch dros y blynyddoedd, a hithau'n ei wylio'n nosweithiol o bellter diogel ffenest y llofft gefn. Dyn y tatws yn eu rhychau a'r *dahlias* taclus ynghlwm wrth eu polion syth oedd o, nid dyn y pys pêr anystywallt a'r gwyddfid di-drefn.

'Pryd newidiaist ti?' Swniai llais Mari'n ddieithr yng nghysgodion yr ardd. Roedd hi am floeddio, am ddiosg y masg a dyrnu'r awyr a sgrechian nes bod y cymdogion yn rhuthro o'u tai cyfforddus â'u haddurniadau dichwaeth … ond cnodd ei thafod. 'Sut ddaru ni gyrraedd fan hyn?' gofynnodd iddi'i hun yn dawel. Yr unig ateb oedd grwnian y teledu o'r tŷ drws nesa, a grwndi ambell gar yn y pellter. 'Pryd newidiais *i*?' sibrydodd.

Wrth sefyll o flaen y lawnt sgwâr a'r borderi noeth, aeth meddwl Mari drwy ei dwy wardrob hi fesul dilledyn, gan ddidoli ei dillad a'i sgidiau i fagiau du, cyn ystyried i ba siop elusen y dylai hi fynd â'i phetheuach. Byddai Lyn yn y siop yn disgwyl iddi alw'n fuan wedi'r calan – roedd wedi hanner addo mai i'r siop honno fyddai siwtiau gorau ei gŵr yn dod, maes o law. Byddai rhai o'i dilladach hithau'n medru mynd yr un pryd, er mwyn gwneud y cyfan yn fwy cyfleus. Osgoi sylw a ffws – roedd hynny'n bwysig. Cynnal yr act.

Byddai fory'n rhy fuan, wrth gwrs, yn enwedig ag Alwen wrth ei chwt – rhaid oedd chwarae'r rhan am ychydig wythnosau eto'n sicr, nes byddai'r cyfnod o weinyddu'r ewyllys ac ymateb yn barchus i fân gyffyrddiadau tosturiol gan gymdogion drosodd – ond doedd dim yn rhwystro Mari, yn nag oedd, rhag taro'n sydyn i'r siop lyfrau i weld pa Rough Guides newydd oedd yn mynd â'i bryd, a gweld a oedd y bŵts lliwgar (rhai Fly London) yn ffenest siop Audrey's o hyd? Byddai Audrey'n eu cadw iddi dan y cownter nes bod yr amser yn weddus, a chlebrennod y dref – a Beca Caffi Cynnes – wedi hen droi eu sylw at rywun arall. Byddai Audrey'n deall.

Gwasgodd Mari ei chwpan smotiog yn ei dwylo a mwynhau ei wres. Gwenodd yn y gwyll ac aeth yn ôl i gynhesrwydd ei haelwyd.

Y Pump Pwdin Nadolig

BET JONES

Trawodd y llwy de yn awdurdodol ar ochr y gwpan tsieina. Peidiodd y mân siarad a'r sgyrsiau ar unwaith, a llyncodd yr aelodau weddillion y te a choffi ar eu talcen cyn troi eu holl sylw yn ufudd at eu llywydd a safai fel brenhines wrth y bwrdd ym mhen blaen y festri.

Roedd Gaynor Lloyd yn hen law ar gadw trefn ar y criw gan ei bod wedi dal y swydd o fod yn llywydd cangen Merched y Wawr y pentref ers yn agos i chwarter canrif, heb i neb feiddio cynnig enw arall i'w disodli.

Wrth ei hochr eisteddai Megan, yr ysgrifenyddes driw, gyda'i phapur a beiro yn barod fel arfer i gofnodi popeth a ddeuai o enau'r llywydd. Syndod i rywun oedd ddim yn gwybod oedd dod i ddeall fod Gaynor a Megan yn hanu o'r un teulu – Gaynor unionsyth, a thra-awdurdodol a Megan druan a ymddangosai mor wylaidd a disylw.

'Iawn, ferched,' meddai Gaynor ar ôl bodloni ei hun ei bod wedi hoelio sylw ei chynulleidfa. 'Cyn cloi'r cyfarfod, ga i'ch atgoffa mai ein gwraig wadd yn y cyfarfod nesaf, gaiff ei gynnal ar yr ail nos Fawrth yn Rhagfyr, fydd Dilys Morgan, y gogyddes a ddaeth yn enwog ar ôl ei llwyddiant ysgubol ar raglen Dudley rai blynyddoedd yn ôl.' Trawodd gipolwg ar Megan er mwyn sicrhau ei bod yn cofnodi popeth, cyn ychwanegu, 'Pleser i mi yw cyhoeddi ei bod wedi cytuno i feirniadu ein pwdinau Nadolig yn ystod y cyfarfod. Felly ferched, ewch ati i chwilio am eich ryseitiau fel y gallwn ni gael cystadleuaeth werth chweil.'

Gwenodd Gaynor wrth glywed ocheneidiau tawel yn lledu drwy'r gynulleidfa wedi iddi gyhoeddi'r gystadleuaeth. Gwybod roedd y merched nad oedd gan yr un ohonynt obaith cystadlu yn ei herbyn hi. Wedi'r cwbl, *hi* oedd yn berchen ar rysáit pwdin arbennig ei nain – pwdin a arferai fod yn enwog drwy'r ardal.

'Beth fydd y wobr i'r enillydd?' cododd llais Ffion Parry, aelod newydd o'r gangen, nad oedd wedi dysgu eto na ddylai ar boen ei bywyd dorri ar draws y llywydd.

'Gwobr? Does dim angen gwobr! Mae canmoliaeth rhywun mor enwog â Dilys Morgan yn ddigon, fyswn i'n tybio!' atebodd Gaynor gan syllu'n ddirmygus ar yr aelod dibrofiad.

'Ond mae Ffion yn iawn. Mi ddylian ni gael rwbath,' meddai Enid Wyn, y trysorydd, a oedd yn awyddus i achub cam ei chymdoges ifanc y medrodd ddwyn perswâd arni i ymuno â'r gangen ddechrau'r tymor. 'Does dim pwynt cael cystadleuaeth heb fod 'na wobr! Ond yn anffodus,' ychwanegodd gan edrych yn ddifrifol ar ei llyfr cownt, 'ma'r coffra bron yn wag a phrin y gallwn ni fforddio talu treulia ein siaradwyr gwadd am weddill y tymor!'

'Mae gen i gwpan arian yn y tŷ 'cw, enillodd y gŵr mewn twrnament snwcer rhyw dro – mae croeso i chi gael honno!' cynigiodd un o'r aelodau.

''Sa honno fawr o wobr i neb! Mae'r bali peth wedi cochi gan na ti'm 'di'i pholisio hi ers blynyddoedd!' oedd ymateb gwamal aelod arall.

Dechreuodd pawb chwerthin ar ôl clywed hyn a chynigiwyd awgrymiadau eraill – pob un yn anymarferol a chwbl hurt.

Wrth sylwi ei bod mewn perygl o golli gafael ar ei chynulleidfa, trawodd Gaynor ochr ei chwpan unwaith eto a galw am drefn. 'Wel, os ydach chi'n mynnu cael gwobr – oes gan unrhyw un awgrym call?'

Bu tawelwch llethol am rai eiliadau, cyn i lais bach nerfus wrth ei hystlys awgrymu: 'B...b...be am i bob aelod sy am gystadlu gyfrannu'n ariannol at y wobr? W...w...wedyn, mi a' i i brynu hamper Nadolig i'r enillydd. H..h..hynny ydi, os ydi'n iawn hefo chdi, Gaynor?'

Gollyngodd Gaynor ochenaid o ryddhad – roedd Megan wedi ei thynnu o dwll unwaith eto.

'Iawn, dwi'n cynnig ein bod yn derbyn awgrym ein hysgrifenyddes. Felly, os oes rhywun am gystadlu, rhowch eich enw i Megan ac mi neith hi'r trefniadau i gasglu eich arian yn ystod y mis. Yna, dwi'n credu y buasai pawb yn cytuno mai *fi* ddylai fynd i ddewis yr hamper oherwydd mae gen i syniad go dda beth yn union fysa'n plesio'r enillydd!'

Dechreuodd ambell un o'r merched duchan dan eu gwynt pan glywsant hyn ond cyn i neb feiddio

grwgnach, daeth Gaynor â'r cyfarfod i ben yn
ddisymwth, drwy ledio'u hanthem mewn cyweirnod a
oedd yn llawer rhy uchel i'r rhan fwyaf o'r merched:

'O eiriau mwyn fy iaith,
Anwylaf chwi ...'

*

'Nest ti'n iawn i gwestiynu Gaynor heno,' meddai Enid
Wyn wrth yrru tuag adref drwy'r gwynt a'r glaw gyda
Ffion. 'Ma hi'n disgwyl i bawb gytuno yn ddistaw hefo'i
chynllunia hi bob tro.'

'Wel, methu gweld be 'sa'r pwynt cystadlu os na 'sa
'na wobr o'n i. Ond roedd cynnig Megan yn un da – mi
'swn i wrth fy modd cael hamper Dolig. Dwi'n meddwl
y rho i gynnig ar neud pwdin. Be amdanoch chi, Enid?'

'Does 'na ddim pwynt cystadlu, 'sti – ma Gaynor yn
gwybod mai hi neith ennill hefo pwdin ei nain. Yn ôl y
sôn, mae 'na rwbath cyfrinachol yn'o fo, a dim ond hi
sy'n berchen ar y rysáit. Gweld ei chyfla i ddangos ei
hun i Dilys Morgan nath hi, achos ma honno yn mynd i
gael rhaglan goginio ei hun ar S4C flwyddyn nesa. 'Swn
i'n synnu dim na welwn ni ein llywydd anrhydeddus yn
serennu ar ein sgrin rhyw ben hefo'i phwdin enwog!'

'Ond fyddan ni ddim gwaeth â thrio. Pwy a ŵyr, ella
bydd Dilys yn gweld pwdin Gaynor yn hen ffasiwn ac y
bysa hi'n licio rwbath gwahanol?'

'Wel, tria di os ti isio – ond cadwa fi allan o'r peth.
Dwi wedi dechra mynd i ddosbarthiada colli pwysa ac
mi fysa gneud pwdin Dolig yn rhoi fi off y rêls yn lân!'

'Dewch 'laen, Enid, fedrwn ni ddim ista'n ôl a gadael

120

i Gaynor gael ei ffordd ei hun i gyd – ma 'na ddigonedd o ryseitiau pwdina Dolig i bobl sy isio colli pwysa ar y we. 'Sa'n werth i chi gael golwg – mi fysa rwbath felly yn siŵr o blesio hefo'r holl sôn sydd 'na'r dyddia yma am fwyta'n iach a ballu.'

Yn hwyrach y noson honno, ar ôl ystyried geiriau Ffion, aeth Enid i bori ar ei chyfrifiadur, ac fe'i synnwyd pan welodd fod ei chymdoges yn llygad ei lle, a bod yna ddigonedd o ryseitiau am bwdinau a oedd yn isel mewn calorïau ar gael. O'r diwedd, daeth o hyd i'r union beth a allai dynnu'r gwynt o hwyliau Gaynor. Ailddarllenodd yn ofalus cyn gwasgu'r botwm i argraffu'r rysáit. Byddai'n mynd i siopa am y cynhwysion bore trannoeth.

Pwdin Gaynor

Llongyfarchodd y llywydd ei hun gyda gwydriad bach slei o sieri ar ôl cyrraedd adref y noson honno. Roedd popeth wedi mynd yn hwylus yng nghyfarfod y gangen, ar wahân i'r amser pan feiddiodd yr hogan newydd ddigywilydd 'na roedd Enid yn mynnu ei llusgo efo hi dorri ar draws i holi am y wobr. Gwobr, wir! Y petha ifanc 'ma dyddia yma, meddyliodd. Wnân nhw ddim byd heb fod 'na wobr faterol i'w chael ar y diwedd! Ond roedd cynnig Megan i gasglu arian gan bawb oedd am gystadlu yn un ysbrydoledig, er na fyddai Gaynor byth yn cyfaddef hynny wrthi, wrth reswm.

Os deuai arian i law, byddai'n rhaid iddi fynd i'r archfarchnad grand oedd newydd agor yn y dref i brynu'r hamper er mwyn gwneud yn siŵr ei bod yn dewis nwyddau o safon i'r enillydd. Fel tasa 'na unrhyw amheuaeth pwy fyddai honno, meddyliodd, gan wenu'n fodlon wrthi ei hun.

Ar ôl gwagio ei gwydr, gafaelodd yn y botel sieri ac aeth drwodd i'r pantri lle bu ei phwdin yn eistedd fel brenin ar y silff lechen ers dydd Llun Diolchgarwch. Agorodd y cwlwm yn y clwtyn gwyn a orchuddiai'r bowlen bridd a'i blygu'n ôl yn ofalus. Rhoddodd ochenaid o fwynhad wrth sawru'r arogl ffrwythau cyfoethog a lanwodd ei ffroenau cyn iddi gymryd sgiwer miniog i dyllu arwynebedd y pwdin a thywallt llwyaid dda o'r sieri melys drosto, fel y gwnaeth yn nosweithiol yn ôl cyfarwyddiadau rysáit enwog ei nain. Y rysáit a'i gyfrinachau y bu'n rhaid i Gaynor fynnu bod yr hen wraig bengaled yn ei rannu gyda hi cyn diwedd ei hoes.

Cofiodd iddi synnu pan ddarllenodd y rhestr gynhwysion am y tro cyntaf – ymddangosai'n rysáit digon cyffredin gyda'i flawd, siwgr, siwat a ffrwythau heb unrhyw sôn am gynhwysyn cyfrinachol a wnâi'r pwdin mor arbennig.

'Does 'na ddim byd gwahanol ynddo fo, 'sti,' meddai'r hen wraig. 'Fi sydd wedi rhaffu celwyddau am hynny ar hyd y blynyddoedd. Mae cyfrinach y pwdin yn y ffordd mae'n cael ei baratoi. Rhaid iddo gael ei gymysgu'n ddyfal am yn union dair awr ac ugain munud cyn ei stemio am chwe awr a chwartar union – a hynny ar ddydd Llun Diolchgarwch yn ddi-ffael, fel ei fod yn cael digon o amser i aeddfedu erbyn y Dolig. Cofia, hefyd, roi llwyaid fach o sieri yn ddyddiol iddo i'w gadw'n llaith. Mae 'na dipyn o sychad ar bwdin da, 'sti!'

Dilynodd Gaynor gyfarwyddiadau'r hen wraig yn ffyddlon ar hyd y blynyddoedd, a phob dydd Llun Diolchgarwch fe ellid ei gweld yn rhuthro adref o'r oedfa yn y capel i dŷ a fyddai'n un cwmwl o ager llaith gyda ffrydiau yn diferu i lawr y waliau a'r ffenestri. Y canlyniad fyddai pwdinau ardderchog bob Nadolig.

Er mor flasus oedd ei hymdrechion, fodd bynnag, roedd yn rhaid i Gaynor gyfaddef iddi ei hun, yn ddistaw bach, fod rhywbeth ar goll ac nad oeddent yn cyrraedd safon pwdinau ei nain. Dychmygu petha ydw i, ceisiodd ddarbwyllo ei hun. Ma hi mor hawdd rhamantu'r gorffennol. Yn oes Nain, pan oedd pethau melys yn llawer prinnach efo dogni amsar rhyfal a ballu, doedd dim rhyfadd yn y byd fod ei phwdin yn blasu mor arbennig. Erbyn heddiw, ma pawb 'di magu dant melys wrth lenwi eu boliau'n ddyddiol efo chacenna a bisgedi o bob math.

Wedi i'r pwdin amsugno'r sieri i gyd, clymodd gorneli'r clwtyn gwyn yn eu hôl yn ofalus gan roi ebychiad bach bodlon. Roedd ganddi'r teimlad mai hon fyddai ei hymdrech orau eto ac y byddai Dilys Morgan yn siŵr o gael ei swyno ganddi. Yna, efallai y câi ymddangos fel gwestai ar ei rhaglen deledu, lle câi Cymru oll ddod i wybod am ei phwdin ardderchog. Wedi hynny, pwy a ŵyr? Efallai mai hi, Gaynor Lloyd, fyddai'r Mary Berry nesaf!

Pwdin Enid

Bore trannoeth, aeth Enid i'r archfarchnad yn y dref gyda chopi o'r rysáit yn ei llaw. Er bod mis a hanner i fynd tan y diwrnod mawr, roedd y lle yn llawn addurniadau Nadolig a châi caneuon tymhorol eu bloeddio drwy'r system sain yn ddiddiwedd, mewn ymgais i ddenu cwsmeriaid i wario'n wirion.

'Wel, wnân nhw mo 'nhemtio i flwyddyn yma, beth bynnag,' meddai Enid yn benderfynol wrthi ei hun gan bowlio'i throli i fyny ac i lawr yr eiliau gan geisio anwybyddu'r gwacter yn ei stumog wrth iddi fynd heibio'r casgliadau helaeth o winoedd, cawsiau, siocledi a bisgedi Nadoligaidd oedd ar werth ym mhob twll a chornel o'r siop.

Cyn hir roedd hi wedi dod o hyd i'r rhan fwyaf o'r cynhwysion – y ffrwythau, moron, y sbeisys, yr wyau a'r siwgr cogio – pob un ohonynt yn dderbyniol ar y deiat. Wrth gwrs, byddai'n rhaid iddi gyfri faint o bwyntiau pechod fyddai yn y blawd, y menyn a'r briwsion bara; roedd hynny'n dddealladwy, meddyliodd, gan gyfnewid y menyn am farjarïn a oedd yn isel mewn calorïau.

Ar ôl cyrraedd adref, gwagiodd y cynhwysion ar fwrdd y gegin cyn mynd ati i ddechrau creu ei phwdin. Roedd popeth yn mynd yn dda wrth iddi ratio crwyn yr orenau a'r lemwn a gwasgu eu sudd dros y ffrwythau sychion. Dechreuodd fwmian canu 'O Deuwch Ffyddloniaid' o dan ei gwynt wrth fynd i ysbryd yr ŵyl:

'Gair y Tragwyddol yma'n ddyn ymddengys:

O deuwch ac addolwn,

O deuwch ac addo– *Damia las!*'

Daeth y canu i stop ar ganol gair wrth iddi sylwi ei bod wedi anghofio prynu un cynhwysyn – *gravy browning*!

'Pam ar y ddaear fysa rhywun isio peth felly yn eu pwdin?' holodd ei hun yn flin. Wel, gwyddai yn iawn nad oedd ganddi'r fath beth yn ei chwpwrdd oherwydd roedd hi wedi bod yn defnyddio Bisto i wneud grefi ers blynyddoedd gan ei fod o'n gymaint llai trafferthus. 'Mi ro i ddwy neu dair llwy fwrdd yn y pwdin – fe neith o'r tro yn iawn.' Gwenodd yn fodlon wrth sylwi fod y gymysgedd lwydaidd yn edrych yn llawer gwell ar ôl iddi ychwanegu'r gronynnau brown.

Cyn dim o dro, roedd y cynhwysion i gyd wedi eu hychwanegu a'u cymysgu'n drwyadl. Yna, arllwysodd y gymysgedd i fowlen yn ôl y cyfarwyddiadau. Roedd ganddi ddewis wedyn, naill ai stemio'r pwdin am ddwyawr neu ei goginio yn gyflym yn y popty micro.

Erbyn hynny, roedd hi wedi dechrau cael llond bol, ac i'r microdon yr aeth y pwdin yn ddiseremoni. Gadawodd iddo goginio am bum munud cyn gadael iddo orffwyso am bum munud arall. Yna, wedi pum munud ychwanegol, pingiodd y popty i'w hysbysu fod ei phwdin yn barod.

Edrychodd Enid yn feirniadol ar ei chreadigaeth. Efallai na fyddai o hanner cystal ag un Gaynor, meddyliodd, ond o leiaf doedd ei gwasg hi ddim am ymledu ar ôl iddi ei fwyta!

Pwdin Megan

Bu Megan yn holi ei chydwybod ers blynyddoedd a ddylai ddatgelu mai hi mewn gwirionedd oedd ceidwad rysáit cyfrinachol eu nain. Poenai am deimladau ei chyfnither pe buasai honno yn dod i ddeall fod yr hen wraig wedi mynd ati i gadw'r gyfrinach oddi wrthi'n fwriadol ac wedi rhaffu celwyddau am bwysigrwydd Diolchgarwch a'r holl sieri.

Yn ystod cyfarfod y gangen y noson honno, fodd bynnag, wrth wrando ar Gaynor yn cyhoeddi mor hunanhyderus eu bod am gynnal cystadleuaeth – gan gymryd yn ganiataol mai hi fyddai'n ennill – daeth Megan i benderfyniad ei bod yn ddyletswydd arni gystadlu gyda'r gwir rysáit. Wedi'r cwbl, doedd gan yr un o'r ddwy ddisgynyddion i drosglwyddo'r gyfrinach iddynt ar ddiwedd eu hoes.

Felly, ar ôl cyrraedd adref, aeth yn syth i'w hystafell wely a thynnu hen focs esgidiau o waelod ei wardrob lle cadwai ei thrysorau. Agorodd y caead a thynnu ohono ei llyfr banc gyda'i gofnod o'i chynilion prin; ei thystysgrif geni a thystysgrifau marwolaeth ei rhieni; llythyrau a dderbyniodd oes yn ôl oddi wrth ei hunig gariad, cyn i hwnnw ei gadael am rywun arall; ac yna, gasgliad o ddyddiaduron, lle arferai ysgrifennu ei dyheadau pan oedd yn dal yn ddigon ifanc i obeithio. Gafaelodd o'r diwedd mewn darn o bapur a orweddai yn ei blyg ar waelod y bocs. Yn ofalus, agorodd y ddolen frau ac edrych ar lawysgrifen gain ei nain. Roedd y rysáit yn rhestru cynhwysion digon cyffredin a geid mewn unrhyw bwdin traddodiadol, heblaw am yr un cynhwysyn cyfrinachol a oedd yn gallu ei drawsnewid yn bwdin arbennig iawn.

Pwdin Ffion

Yn ôl ei harfer, gadawodd Ffion bethau at bron y funud olaf cyn mynd ati i greu ei phwdin ar gyfer y gystadleuaeth. I fod yn deg â hi, fodd bynnag, bu'n treulio oriau yn ystod y mis yn pori ar y we a thrwy bentwr helaeth o lyfrau coginio, gan chwilio am rysáit ar gyfer y pwdin mwyaf danteithiol bosib. O'r cychwyn cyntaf, roedd wedi penderfynu nad oedd hi am gystadlu gyda phwdin Nadolig traddodiadol, ond yn hytrach, gyda rhywbeth cwbl wahanol a fyddai'n siŵr o dynnu sylw'r beirniad. Felly, ar yr ail nos Lun yn Rhagfyr – gwta bedair awr ar hugain cyn cyfarfod y gangen – cychwynnodd ar y dasg o greu ei champwaith.

Dechreuodd drwy guro gwynnwy sawl wy gyda siwgr mân nes eu bod yn ffurfio'n gymylau pigog i greu sail i'r pwdin. Yna, tra oedd y *meringue* yn coginio'n araf yn y popty, aeth ati i gymysgu ei chasgliad o gynhwysion moethus at ei gilydd – ceirios wedi eu trochi mewn gwirod, casgliad o ffrwythau sgleiniog ecsotig, cnau pistasio, sudd masarn gludiog, briwsion melys torth *panettone* a gwydriad helaeth o Vin Santo.

Codai arogleuon hyfryd o'r bowlen wrth iddi eu cymysgu ac ni allai atal ei hun rhag trochi ei bys yn y gymysgfa a'i blasu ar flaen ei thafod. Roedd y blas yn anfarwol!

'Gamp i'r hen Gaynor guro'r pwdin yma!' meddai'n fodlon wrth lyfu rhagor o'r gymysgfa oddi ar gefn ei llwy.

Gosododd y *meringue* ar ei phlât gorau ar ôl iddo oeri cyn mynd ati i roi gweddill y pwdin at ei gilydd – adeiladodd sawl haen o'r gymysgedd, rhwng haenau trwchus o hufen dwbl. Ar y diwedd, toddodd slabyn o siocled tywyll o'r radd orau a'i dollti fel lafa dros y cwbl cyn ychwanegu haen denau o lwch aur bwytadwy a gosod sbrigyn o gelyn ar y top, fel cydnabyddiaeth i'r Nadolig.

Wrth gau drws yr oergell ar ei chreadigaeth, sylwodd ar y llanast roedd wedi ei greu yn y gegin a threuliodd yr awr nesa'n glanhau cyn noswylio'n flinedig. Eiliadau wedi iddi roi ei phen ar y gobennydd, roedd Ffion wedi llithro i gwsg trwm, llawn breuddwyd-ion am gymylau o bwdinau melys. Chlywodd hi mo Aled ei gŵr a'i ffrindiau yn dychwelyd o'u gêm bêl-droed pump bob ochr gyda chasgliad o ganiau cwrw.

Bore trannoeth, pan gododd i fynd i'w gwaith, y peth cyntaf a'i hwynebai ar fwrdd y gegin oedd casgliad o ganiau cwrw gwag a'i phlât gorau, gyda dim ond sbrigyn o gelyn unig yn weddill arno.

Suddodd ei chalon i'w sodlau.

Doedd ganddi mo'r amser i greu pwdin arall!

Ni allai byth faddau i Aled am wneud y fath beth iddi, er i hwnnw geisio ymddiheuro yn daer pan sylweddolodd ei gam.

Beth oedd hi am ei wneud? Roedd hi wedi rhoi ei henw i lawr ac wedi talu am gystadlu. Byddai pawb yn credu ei bod wedi nogio!

Doedd dim amdani – byddai'n rhaid iddi brynu pwdin parod yn yr archfarchnad yn ystod ei hawr ginio a chymryd arni mai hi oedd wedi ei wneud.

Eisteddai'r aelodau'n ddisgwylgar yn y festri a oedd bellach wedi ei haddurno ar gyfer parti Nadolig yr ysgol Sul, gyda'r union addurniadau a ddefnyddid pan oedd nifer ohonynt hwythau'n blant. Yna, cododd eu llywydd ar ei thraed i'w cyfarch.

'Mae'n bleser gen i groesawu ein gwraig wadd, y gogyddes enwog, Dilys Morgan, aton ni yma heno i drafod bwydydd ar gyfer yr ŵyl, a dwi'n hynod o falch o gyhoeddi ei bod wedi cytuno i feirniadu ein cystadleuaeth fach i ddechrau,' meddai'n wên deg i gyd, gan gyfeirio at y pedair cromen frown a'u sbrigynnau o gelyn a eisteddai ar y bwrdd o'i blaen. 'Fel y gwelwch chi, dim ond pedair aelod sydd wedi mentro – ond dwi'n mawr obeithio y cewch chi eich plesio efo o leia un o'r cynigion,' ychwanegodd gan syllu'n benodol ar ei phwdin ei hun.

Ar ôl cydnabod y croeso, aeth Dilys Morgan yn syth at y dasg gan gymryd cyllell a thorri i mewn i ganol y pwdin agosaf i ddatgelu oren cyfan siwgrog.

'Wel wir, dyma bwdin gyda blas sitrws hyfryd!' meddai cyn ychwanegu'n goeglyd: 'Wyddwn i ddim fod Heston Blumenthal yn aelod o Ferched y Wawr o'r blân!'

Gwridodd Ffion druan at fôn ei chlustiau, a'r funud honno buasai'n rhoi'r byd am i'r llawr ei llyncu yn gyfan gwbl. Beth oedd ar ei phen hi'n meddwl am funud y buasai wedi gallu twyllo Dilys Morgan gyda phwdin siop? Sut oedd hi'n mynd i wynebu pawb ar ôl hyn?

Erbyn hynny, roedd Dilys wrthi'n blasu'r ail bwdin. 'Dyma rywbeth gwahanol,' meddai gan grychu ei thrwyn ac ymestyn am wydriad o ddŵr yn ddiolchgar. 'Byddwn i'n taeru bod blas cig eidion ar hwn – ym ... ym ... beth alla i weud? Anarferol iawn!'

'Daria! Ddylwn i ddim fod wedi rhoi'r Bisto 'na yn y pwdin, ma siŵr,' meddai Enid wrthi ei hun. 'Ta waeth, fe geith y ci fo ar ôl i mi fynd adra. Fydd hwnnw ddim mor ffysi â Dilys Morgan, yr hen sguthan!'

Aeth Dilys ymlaen at y trydydd pwdin gan flasu tamaid bach yn ofalus y tro hwn. Doedd hi ddim am gael ei dal gyda llond ceg o rywbeth mor afiach â'r ail bwdin eto. 'Jiw! 'Ma beth yw pwdin cyfoethog a moethus. Ymgais ardderchog, wir!' meddai gan flasu darn ychwanegol.

Ymsythodd Gaynor wrth glywed y fath ganmoliaeth i'w phwdin. Roedd yr holl ofal a roddodd iddo dros yr wythnosau cynt yn mynd i dalu ar ei ganfed.

'Gair o rybudd, fodd bynnag,' torrodd llais Dilys ar draws ei meddyliau. 'Pidwch â mentro gyrru ar ôl bwyta platied o hwn oherwydd fyddech chi byth yn paso prawf y *breathalyser*!'

Torrodd pawb i chwerthin wrth glywed hyn – roedd meddwl am Gaynor sych-dduwiol yn llenwi ei phwdin ag alcohol yn syndod iddynt i gyd.

Ar ôl i'r chwerthin ostegu, aeth Dilys ymlaen at y pwdin olaf. Torrodd damaid bach iddi ei hun a gadawodd iddo orffwys ar ei thafod am funud. Roedd rhywbeth anarferol iawn am y pwdin yma. Mewn llawer modd ymdebygai i'r trydydd pwdin, ond roedd rhywbeth arbennig am hwn a'i codai i lefel uwch. Profodd damaid arall – tamaid mwy y tro hwn. Doedd Dilys erioed wedi blasu unrhyw beth tebyg.

'Mae'n bleser 'da fi gyhoeddi,' meddai ar ôl llyncu trydydd tamaid, 'heb amheuaeth, dyma'r pwdin Nadolig gore i mi ei flasu eriôd! Llongyfarchiade mowr i'r enillydd teilwng!'

Roedd wyneb Gaynor fel taran erbyn hyn a phrin y gallai godi o'i chadair i gyhoeddi enw'r enillydd. Sut ar y ddaear roedd Megan o bawb wedi cael y gorau arni hi?

Wedi i Gaynor boeri ei henw rhwng ei dannedd, cododd Megan yn wylaidd i fonllef o gymeradwyaeth ac aeth Dilys Morgan ati i'w chyfarch yn wresog. 'Ma 'da fi gyfres deledu yn ca'l ei recordo cyn hir ac mi fydden i wrth fy modd tase chi'n bod yn westai ar y *Christmas Special* flwyddyn nesa a rhannu 'da'r gwylwyr beth yw cyfrinach eich pwdin ardderchog.'

Gwenodd Megan yn dawel wrth feddwl beth fyddai ymateb pawb pan ddeuent i ddeall mai'r hen ffisig atgas hwnnw a fyddai'n achosi cymaint o loes i blant ers talwm – asiffeta – oedd y cynhwysyn cyfrinachol a wnâi bwdin ei nain mor arbennig. Trawodd gip ar ei chyfnither a eisteddai gyda'i phen yn ei phlu yr ochr bellaf i'r bwrdd, a chofiodd fel y dywedai ei nain am yr asiffeta: 'Ni cheir y melys heb y chwerw!'

Chwalu'r Rhith

CARYL ANGHARAD

Deuddydd cyn y Nadolig oedd hi. Cysgai Doti yn ei chrud ger y tân a'r fflamau'n mwytho ei gruddiau cochion yn gariadus, yn rhoi sêl bendith i Elsi anghofio ei bod hi'n fam. Roedd tywyllwch cyfarwydd yn cywasgu'r tyddyn. Syllodd ar ei bysedd hirion, meinion a'r rheiny yn biwslas gan frath y gaeaf. Dallodd aur ei modrwy hi, ei hiraeth yn taflu ysbrydion dros yr ystafell, yn un ffilm ddiddiwedd – nes chwalwyd y rhith gan wich y drws.

*

Priododd Elsi ac Ifan union flwyddyn i'r noson honno. Nid oedd y trefniadau munud olaf wrth fodd ei theulu nac wrth ei bodd hithau, wrth reswm. Ers pan oedd yn ifanc, roedd Elsi ymhlith y goreuon o freuddwydwyr, a chaethiwed bywyd priodasol oedd y peth olaf ar ei meddwl. Roedd ei bryd ar fod yn delynores fyd-enwog, ar ddianc i Lundain a'i hantur a'i drygioni i berfformio gerbron y bobl fawr fel Nansi, Telynores Maldwyn. Ond beichiogodd tua diwedd yr haf blaenorol, a rhaid oedd priodi rhag dwyn amarch a chywilydd ar y teulu.

Disgynnodd y ferch ifanc dros ei phen a'i chlustiau mewn cariad â llanc o bentref cyfagos mewn gwasanaeth un prynhawn Sul. Roedd Ifan wedi dod i ymweld â pherthynas iddo yng Ngharmel. Er mai deunaw oedd yntau, roedd yn dal a chryf o gorff. Roedd ganddo wên ddireidus a dwy lygad oedd yn dweud cyfrolau y tu ôl i wydrau crynion ei sbectol. Ac yntau'n eistedd ar un ochr i'r sêt fawr, ni allai dynnu ei olygon oddi ar Elsi. Hithau, a'i gwallt tywyll yn gorwedd yn daclus dros ei siôl gan guddio rhan o'i hwyneb fel masg dawns, yn teimlo ei bresenoldeb ef yn ei thynnu i'w gyfeiriad. Fel ar ddiwedd pob cyfarfod, ymgynullodd bawb ar lawnt y capel yn llygad yr haul.

'Ifan,' ebe ef yn hyderus gan wthio'i fraich o liw'r efydd rhwng Lora a Mary a mynnu rhoi ei gledr yng nghledr Elsi.

'Elsi,' atebodd hithau'r un mor larts gan godi ael awgrymog.

'Mary dw i, a Lora ydi hon.' Roedd Lora yn swil fel ewig. 'Gan bwyll. Merch y gweinidog sydd yn eich gafael.'

Chwarddodd y ddwy. Ond chymerodd Ifan ddim o'u lol nhw, ac mi ddysgon nhwythau nad oedd Ifan cystal cyff gwawd â gweddill lliprynnod y pentref. Bu'r ddau yn sgwrsio ar lawnt y capel wedi hynny, heb wybod eu bod dan olwg dreiddgar ei thad. Yntau'n cadw llygad barcud ar ddieithrwch ei ferch na allai, fel rheol, ddisgwyl dianc rhag cysgod y capel. Trwy ffenestr gul, syllodd William arnynt yn sgwrsio a chwerthin bob yn ail.

'Un o le ydach chi?'

'O Rosgadfan,' atebodd Ifan.

'A be sy'n eich denu i Garmel ar ddiwrnod cystal?'

'Oni bai am y merched? Chwaer fy mam.'

'A phwy ydi hi?' Doedd Elsi ddim am ateb y cwestiwn cyntaf.

'Pegi – gweddw sy'n byw ger …'

'Wn i.'

'Be ydach chi'n wneud heno?'

Felly ac yn y fan honno y disgynasant mewn cariad cyn crwydro llwybrau'r pentref. Crwydro am oriau ac yna yn sydyn, fe fachludodd yr haul y tu ôl i Grib Nantlle a rhanasant eu ffarwél cyntaf.

*

Daeth y post yn brydlon am saith y bore, ac amlen ag arni lawysgrifen gyfarwydd i Dŷ'r Capel. Gosododd Elsi ei the cynnes ar y teils gan sibrwd ar Pluen i'w orffen cyn codi'r llythyr hirddisgwyliedig. Yn wyllt y rhwygodd yr amlen yn ddarnau, ac ymgollodd yng ngeiriau Ifan.

'Wel, Pluen,' a phen y gath yn gwyro'n glustiau i gyd, 'dydd Sadwrn, o'r diwedd.'

Y bore Sadwrn canlynol, rhoddodd Elsi wers delyn olaf yr wythnos i blant y chwareli. Brysiodd am y parlwr gan syllu'n sydyn ar y drych. Tynnodd frwsh drwy ei gwallt a sythodd ei het cyn brysio am Nant yr Hafod. Wrth iddi fynd dros y bryn llifai'r nant yn ddiog islaw, ac roedd Ifan yn gorwedd ar y lan yn ei ffustion a sigarét yn gwyro rhwng ei wefusau. Pan welod Elsi yn nesáu, rhyddhaodd y mwg cyn fflicio'r sigarét i'r brwyn.

'Hwyr eto,' heriodd cyn ymgolli mewn cusan dyner.

Roeddent yn anwahanadwy, y naill yn gysgod i'r llall, yn bachu pob cyfle am antur ar gyrion mynyddoedd bro'r chwareli. Ambell ddiwrnod, byddent yn ymochel rhag pistyllio Ebrill ger boncyff coeden, yn malio dim am wlychu, ei grys o liw ei groen, a'r glaw yn disgyn o gorun eu pennau i lawr i'w gwefusau. Ar ddyddiau eraill, byddent yn pendwmpian ger Llyn Ffynhonnau yng ngwres yr haul. Roedd Mary, ffrind gorau Elsi, wedi cymryd at un o ffrindiau Ifan erbyn dechrau'r haf. Dafydd oedd hwnnw, yntau o Rosgadfan ac yn gweithio yn Chwarel Twll Braich. Roedd Mary wedi disgyn mewn cariad dros ei phen a'i chlustiau â Dafydd, er bod ganddo lygaid a dueddai i grwydro a bod sôn am gariadon eraill ganddo fyth a hefyd. Er hynny, roedd digon o hwyl i'w gael fel pedwarawd, pan fyddai ganddo'r cwrteisi i gyrraedd heb ferch arall ar ei fraich. Bob prynhawn Sadwrn, daeth hi'n ddefod gan y merched: galwai Mary heibio Tŷ'r Capel am hanner dydd, fel yr oedd Elsi'n gorffen ei gwersi. Yna, cerddai'r ddwy heibio'r domen lechi ar gyrion Carmel, i fyny'r ffordd am y chwarel. Eisteddent ar y bryn, yn disgwyl caniad y corn yn amyneddgar.

Ar y bryn ar brynhawn tanbaid, ac Elsi a Mary'n droednoeth a'u bonedau yn ffanio'u hwynebau cochion dan haul tanbaid Gorffennaf, ymlwybrodd Ifan tuag atynt ar ei ben ei hun ac yn arafach na'r arfer. Sobreiddiwyd y ddwy gan gysgod gwaith y gwŷr.

'Ydi popeth yn iawn?' Cododd Elsi ar ei sefyll gan anwesu ei fraich mewn cydymdeimlad.

'Mae'r sibrydion am ryfel a'r Jyrmans yn cynyddu,' meddai Ifan yn dawel.

'Mi wyddon ni i gyd hynny,' torrodd Mary ar ei draws a'i chorff yn datod.

'Mae Twm wedi enlistio bora 'ma ar ôl clywed am y Jyrmans yn ymosod ar Feljym.' Roedd Ifan yn amddiffynnol.

'O?' Roedd Elsi wedi drysu. 'Ydi hynny i'w ganmol, 'lly?'

'Mae'r wlad ein hangen ni, Els. Mi wyddost ti hynny'n well na neb.'

'Ein hangen i ladd?'

'Ein hangen i amddiffyn.'

'Ti'n swnio fel Tada.'

'Mae dy dad yn dallt, Els.'

'Ydi o wir? Dydi Tada'n dallt dim am ddim oni bai am y Beibl a'i ragrith, Ifan. Rwyt ti ymysg y cyntaf i ddweud hynny dy hun.'

'Gwranda.' Edrychodd yntau ar Mary megis cystal â gofyn iddi am lonydd. Nodiodd hithau'n wylaidd, yn deall yr hyn a oedd ar droed.

'Paid â meiddio,' meddai Elsi gan ddisgyn yn swp ar y brwyn.

'Mae'n rhaid i fi. Dwi'n ddeunaw.'

'Yn union. Deunaw wyt ti, Ifan. Deunaw! Prin yn ddyn eto. Mae gen ti dy fywyd o dy flaen. Ein bywyd ni o dy flaen. A ti'n barod i'w daflu i'r gwynt er anrhydedd Llundain?'

'Mi fydd y rhyfel drosodd erbyn y Dolig. Does gan y Jyrmans ddim gobaith mul.' Doedd Elsi'n cymryd dim o'i resymu. 'Mae 'na sôn fod y dynion sy'n enlistio yn cael mynd i Ffrainc a'r Cyfandir. Anturio a gweld y byd. Ddaw'r fath gyfle fyth fy ffordd i eto, ac mi wyddost ti hynny. Dydw i ddim isio bod fel fy nhad yn mygu ar lwch y llechi o'r crud i'r bedd. Sawl gwaith wyt ti wedi dyheu am fynd i America a New York efo dy delyn? Sawl gwaith wyt ti wedi rhamantu am hwylio'r moroedd mawr a gweld pethau nad ydi pobl fel ni yn cael eu gweld? Dyma 'nghyfle fi, Elsi. Dyma fy amser i.'

'Mae dy ddewis di'n glir fel grisial, Ifan.'

Am y tro cyntaf, ildiodd Elsi rhag colli ei thymer ag Ifan. Cododd oddi ar gynhesrwydd meddal y brwyn a cherdded yn ôl am oerni Tŷ'r Capel.

*

Enlistiodd Ifan, er gwaethaf gwrthwynebiad Elsi. A'r dyddiau'n prysur fyrhau, daeth llythyr drwy'r post yn ei alw i hyfforddi yng ngwersyll Lerpwl ar ddechrau mis Medi. Roedd Elsi, wrth gwrs, wedi hen faddau iddo am ei benderfyniad erbyn hynny. Wythnos wedi'r anghydfod rhyngddynt, a'r naill yn methu byw heb y llall, fe wnaethon nhw gytuno eu bod am wneud y mwyaf o'r ychydig amser a oedd ganddynt yng nghwmni ei gilydd. Roedd Elsi hyd yn oed wedi mentro cyflwyno Ifan i deulu Tŷ'r Capel, lle derbyniodd groeso a pharch gwamal ei thad tuag ato ef a'i ddewrder. Bu Ifan a William yn ymgomio'n hwyr sawl noswaith dros sigarét, yn trafod gwleidyddiaeth a milwra. Sawl tro bu Elsi'n clustfeinio ar eu sgyrsiau, yn corddi gan gynnwrf Ifan am antur, ac yn cael ei chorddi gan ei thad yn pregethu rhagrith ar yr aelwyd, yn ogystal ag o'r sêt fawr.

'Tyrd i'n helpu fi gau'r ieir,' mynnodd Nanw, ei mam, ar ôl swper un noson mewn ymgais i'w dargyfeirio. Gwyddai Nanw'r union flinder hwnnw.

Yn araf, cerddodd y ddwy i lawr llwybr eu cartref. O'u blaenau, disgynnai'r haul yn ddiog y tu ôl i linell bell Dinas Dinlle ac Ynys Môn, a'r capel yn taflu cysgod monocrom dros flodau'r ardd. Yn wylaidd yr aeth tair iâr, un ar ôl y llall, i'w cwt.

'Ydi'r wyau yn dda?' holodd Dai Llefrith o iard y capel.

'Wyddoch chi cystal â neb,' atebodd Nanw'n ddi-lol, 'rydach chi'n cael mwy na'ch siâr ohonyn nhw.'

'Ac yn ddiolchgar iawn ohonyn nhw, bob tro.'

'Arhoswch eiliad.' Aeth Nanw yn ei hôl i'r tŷ.

Edrychodd Elsi ar ei hesgidiau yn fyfyriol.

'Ydi Ifan acw?'

'Ydi.'

'Ac yn edrych ymlaen yn ofnadwy at gael mynd ddydd Sadwrn, mae'n debyg.'

'Peidiwch chi â dechrau.'

'Fydd y rhyfel 'ma ...'

'... drosodd cyn y Dolig. Peidiwch â gwastraffu dim mwy o'ch anadl, Dai. Dwi 'di clywed yr un diwn gron ddegau o weithiau heddiw.'

'Mae o'n lwcus ofnadwy ei fod o'n cael mynd. Mi fyswn i wedi lladd am gael mynd yn ei oed o.'

'Pam na wnewch chi enlistio os ydach chi mor barod i godi gwn? Mi ydach chi'n ddeugain ac yn ffit fatha bocsiwr. Mae gan Ifan ei fywyd o'i flaen i gario baich euogrwydd llofrudd gweddill ei oes.'

'Mi laddith y chwarel o cyn i'r un Jyrman gael cyfle.'

Daeth Nanw yn ôl allan.

'Dyma chi, Dai.'

'Elsi,' daeth llais melfedaidd Ifan y tu cefn iddi. 'Dwi

am ei throi hi cyn iddi dywyllu. Ddoi di efo fi hanner ffordd?'

Cerddodd y ddau heibio Siop Nedw a'r Post a'r Becws ac i lawr am y bryn dan awyr goch odidog Medi. Roedd cytundeb nas lleferid rhyngddynt nad oedden nhw i sôn am ryfela a gwleidyddiaeth. A'r naill â thymer cystal â'r llall, gwell oedd osgoi dadlau. Ond ag Ifan yn mynd am Lerpwl mewn deuddydd, nid oedd modd anwybyddu mwyach.

'Dwi'n cael gorffen fy ngwaith yn y chwarel yn gynnar yfory er mwyn paratoi.'

'Chwarae teg iddyn nhw.'

'Plis paid â bod fel'na. Fedri di gymryd diwrnod i ddod efo fi am dro?'

'Fedraf, mae'n siŵr. Fydd Gwenno yn dallt.' Roedd ei gŵr hithau'n mynd efo Ifan.

'Be am i mi ddod draw tua hanner awr wedi un?'

Safodd y ddau yn stond wedi cyrraedd Capel y Bryn, eu cyrchfan hanner ffordd. Fel arfer, byddai Ifan yn ei chofleidio cyn ei chusanu, cystal â dweud hwyl fawr. Ond y noson honno, edrychodd i fyw ei llygaid lliw llus, eu tawelwch yn dweud cyfrolau. Gwyddai Elsi fod ar Ifan gymaint o ofn â hithau. Y tro hwn, hi anwesodd ei fraich ef. Plethodd ei bysedd meinion am fotymau ei wasgod, gan esgus ei sythu, cyn dodi ei chledr dros ei galon yn ysgafn. Tynnodd yntau ei chanol yn nes ato. Chwalodd Elsi'r distawrwydd gan ddweud yn gryg,

'Wela i di fory, 'ta.'

*

Toc wedi cinio, daeth cnoc ysgafn ar ddrws Tŷ'r Capel, cyn iddo agor yn araf gyda'r cyfarchiad, 'Helô?'

Brysiodd William o'i barlwr, lle'r oedd yn gweithio'n brysur ar bregeth y Sul i gyfeiliant y radio. Bu Ifan ac yntau'n ymgomio'n dawel yn y gegin nes clywed sŵn traed yn ymlwybro o gyfeiriad ystafell wely Elsi.

'Gadwch lonydd iddo am un diwrnod, wnewch chi, Tada?'

'Wyt ti'n barod?'

'Ydw.'

I ffwrdd â'r ddau gariad i gyfeiriad Mynydd Cilgwyn. Roedd hi'n ddiwrnod mwyn, a phrysurdeb ffordd fawr Carmel yn fwrlwm. Ar bwys craig tua hanner ffordd rhwng y copa a throed y mynydd, eisteddasant mewn tawelwch bodlon, yn gwylio'r mynd a dod oddi tanynt. Gwragedd yn heidio o'r siop i'r becws, yna'n ymgynnull ar y sgwâr fel gwenyn at gwch, yn sïo clecs y dydd. Amgylchynid Elsi ac Ifan gan yr eithin melyn a'i bigau yn eu hamddiffyn rhag yfory. A'r haul yn taro, tynnodd Ifan ei siaced oddi amdano a'i gosod ar damaid o foelni ar y mynydd. Edmygodd Elsi gyhyrau ei freichiau drwy ei grys wrth iddo sefyll ar y graig. A hithau'n dal ar ei heistedd, gwyrodd yn ei hôl gan ei wylio'n sefyll fel cawr drosti. Rhoddodd Ifan waedd fachgennaidd o waelod ei galon er mwyn clywed y garreg ateb yn atsain yn ôl wrtho.

'Nei di sarsiant da efo'r llais 'na,' meddai Elsi a'i thafod yn ei boch.

Trodd Ifan i'w hwynebu, a gwên yn cosi ei ruddiau wrth iddo fflicio ei sigarét i'r eithin.

'Wel, wel,' heriodd hi, 'mae hithau'n siarad rhyfel heno.'

Gwyrodd yntau nes eu bod wyneb yn wyneb cyn taflu ei freichiau o amgylch ei gwar a'i chodi oddi ar y graig, er gwaethaf ei phrotestio chwareus hithau. Chwyrlïodd ef Elsi nes bod y Mynydd Grug, Crib Nantlle a'r môr yn un gymysgfa chwydlyd cyn iddynt ddisgyn yn swp ar gynhesrwydd y siaced ar y gwair. Yn dyner, tynnodd Ifan het Elsi oddi ar ei phen gan anwesu sidan ei gwallt ag anwyldeb aeddfed. Gwasgodd ei lygaid ynghau cyn ei chusanu a blasu'r jam mwyar duon ar ei gwefusau. Cofleidiodd hithau ei war yntau, a'i dwylo yn crwydro croen ei gefn o dan y crys a'r wasgod nes iddo agor y ddau fotwm. Gyda phwysau brest Ifan yn gwasgu'n dynn ar ei chnawd, edrychodd Elsi ar glwstwr o gymylau gloyw uwchben, cyn ymgolli y tu ôl i'w llygaid caeedig.

*

Erbyn i ddeiliach Dyffryn Nantlle gochi, roedd Carmel yn wag. Roedd y rhan fwyaf o'r bechgyn ifanc wedi penderfynu mai enlistio oedd eu dyletswydd, a'r rheiny nad oeddent wedi enlistio bellach yn ymguddio'n wylaidd ar eu ffermydd neu yn y chwarel. Hyd yn oed yn y capeli, roedd seddi gweigion rhwng mamau a'u plant. Pawb yn cuddio tu ôl i fwgwd gwrol Prydeindod, yn cuddio'r ofn na siaredid amdano ac eithrio o'r sêt fawr.

Roedd Ifan wedi cadw at ei air, yn llythyra'n frwd, ac Elsi yn talu'r gymwynas yn ôl, er bod poenau amgenach yn cyniwair ynddi erbyn diwedd mis Tachwedd. Roedd hi wedi colli deufis o fislif a phrin yn gallu wynebu codi o'i gwely ambell ddiwrnod. Gwyddai ei bod yn feichiog. Wedi dioddef wythnosau o nos-weithiau di-gwsg, roedd Mary wedi llwyddo i'w pherswadio i rannu ei gofidiau gydag Ifan. Daeth y llythyr yn ôl erbyn diwedd yr wythnos.

Annwyl Elsi,

Wyt ti'n siŵr? Wn i ddim beth i'w ddweud, oni bai am i ti drio peidio â phoeni. Bydd popeth yn iawn. Rydw i wedi gofyn i'r sarsiant ga i ddod adref i dy weld cyn bo hir, ond mae hi'n rhyw gyfnod anodd arnom ni yma yn Lerpwl, gyda sôn ein bod am fentro i Ffrainc ym mis Ionawr. Mi fydd y Nadolig yma cyn i ti droi rownd.

- Dy annwyl Ifan.

P.S. Elsi, wnei di fy mhriodi i?

Rhewodd Elsi wrth fyseddu tamaid o gortyn wedi ei glymu'n gelfydd i greu siâp modrwy a ddisgynnodd allan o'r llythyr.

*

Mi gymerodd fwy na milwr i ddod â William i delerau â'r ffaith bod ei ferch – a merch y gweinidog, o bawb – wedi bod yn ddigon ffôl i feichiogi y tu allan i efynnau priodasol. Er hynny, rhyfeddid Elsi gan gefnogaeth ei mam yn y mis a arweiniai at y Nadolig hwnnw, yn absenoldeb Ifan. A hithau eisoes wedi claddu mwy o blant nag a gafodd hi eu magu, afraid dweud fod y newydd yn chwa o awyr iach iddi. Er hynny, rhaid oedd priodi. Feddyliodd Elsi erioed y byddai hi'n ymrwymo, heb sôn am briodi mor ifanc a chyn bachu ei chyfle i anturio. A hithau'n cael ei thynnu rhwng cynnwrf ac arswyd, profai'r trefnu'n hwylus gan ei chadw'n brysur mewn cyfnod pan oedd y papurau newydd yn frith o firi ffosydd Ffrainc, a'r rhyfel yn beiriant lladd y to ifanc ynddo'i hun. Gosodwyd yr 22ain o Ragfyr 1914 fel dyddiad y briodas gan y caniatawyd i Ifan ddod adref ar *leave* cyn ymadael am Ffrainc. Roedd Tŷ'r Capel, ar ôl i'r newydd am blentyn siawns yr aelwyd arafu, yn llawn bwrlwm am y tro cyntaf.

Ynghanol y miri, roedd y gaeaf a'r cyffro Nadoligaidd wedi cyrraedd. Un noson, a hithau'n ymarfer ei thelyn, daeth cnoc ar ddrws y tŷ ac yno roedd criw o blant yr ysgol Sul wedi corffio gerbron Elsi yn un côr o gynnwrf cyn dechrau canu:

> I or-wedd me-ewn pre-seb
> Rho-oed Crë-wr y byd,
> Ni-id oedd ar ei gy-fer
> Na gwe-ly na chrud …

Llifodd dagrau rif y gwlith i lawr gruddiau Elsi, cyn iddi ddechrau chwerthin yn afreolus. Edrychai'r plant arni fel pe na bai hi'n hanner call. Oedd hi? Roedd hi, mwyaf sydyn, wedi gwirioni ei phen, wedi ei meddiannu gan gynhesrwydd mamol am y tro cyntaf. Caeodd y drws mewn breuddwyd, cyn dawnsio'n gysglyd at y tân gan anwesu ei bol gwastad.

'Be haru ti?' gofynnodd William yn bigog tu ôl i'w bapur newydd.

'Mae hi'n Ddolig, Tada! Mae'r Nadolig a'r dathlu ar ei ffordd o'r diwedd.'

Estynnodd ei breichiau i gyfeiriad William, a Nanw'r tu ôl iddyn nhw'n gwau pâr o sanau a'i llygaid hithau'n dawnsio tu ôl i wydrau trwchus ei sbectol.

'Sadia, Elsi,' meddai ei thad, yn esgus protestio'r eildro a gwên yn bygwth ei ddifrifolwch, cyn ymgolli yn yr hwyl a morio chwerthin fel plentyn ar fuarth yr ysgol.

*

Y noson cyn i Ifan ddychwelyd adref o Lerpwl, gorweddai Elsi yn ei siambr, yn syllu ar fflam y gannwyll yn siffrwd i gyfeiliant y cloc. Roedd hi'n methu cysgu gan wybod bod yr aros bron ar ben.

Cododd yr haul o'r diwedd, gan daflu goleuni llwyd dros Ddyffryn Nantlle. Roedd y caeau yn wyn o hyd, a dim ond mygu cyrn y tyddynnod yn difetha'r cerdyn Nadolig. Cysgai Pluen o hyd ar droed Elsi cyn iddi ddeffro a'i thaflu ei hun ar lawr yr ystafell. Hisiodd y gath arni wrth grafu'r llechi a diflannu at y tân. Ar ôl newid, cludwyd Elsi a Mary gan frêc Dai Llefrith am orsaf drenau Caernarfon.

'Oes ofn arnat ti, Elsi?'

'Ofn? Be sydd i'w ofni?'

'Gweld Ifan, yn de. Be os ydi'r rhyfel wedi ei newid o?'

'Paid â siarad drwy dy het, dim ond yn Lerpwl mae o wedi bod.'

'Wyddost ti ddim sut bobl – a merched – sy yn y ddinas.'

'Mary.' Gostyngodd Elsi ei llais, yn hanner syrffedus, hanner cysurlon. 'Mae'n rhaid i ti stopio gwirioni dy ben dros Dafydd. Mae'r dynion yn rhy brysur i fercheta, p'run bynnag.'

Yng nghefn y fan, a'r poteli gwydr yn chwerthin yn

y canol, stopiodd Dai'r brêc gan ddweud, 'Yma, ferched. Peidiwch â bod yn hir.' Cododd ei gap wrth agor y drws.

Ar bwys y trac diddiwedd, eisteddai'r ddwy ar bigau'r drain, yn boddi mewn môr o wragedd tebyg iddyn nhw'u hunain. Ysgrytiai eu dannedd dan fonedau oedd erbyn hyn yn wyn dan eira. Gafaelodd Mary ym mraich ei chyfaill wrth glywed trên o bell yn tagu a sgrechian bob yn ail. Cododd y ddwy, a phob merch a gwraig arall. Sglefriai'r plant ar y platfform gan weiddi am eu tadau. Gyda phlwc, stopiodd y trên a dechreuodd llygaid Elsi sganio'r cerbydau'n orffwyll. Ar flaenau ei thraed, gwyrodd ei gwddf dros y dorf. Teimlai gledr gynnes a chyfarwydd yn mwytho ei hysgwydd, a gwenodd cyn troi. Ac yno, o'i blaen, yr oedd Ifan yn moesymgrymu mewn lifrai a bocs cilagored yng nghledr ei law.

'Feddyliest ti erioed y byswn i'n gofyn am law Elsi Hughes mewn priodas efo modrwy gortyn?'

Neidiodd Mary gan guro'i dwylo a rhoddodd Dafydd floedd o ddathlu nes tynnu sylw'r orsaf a phawb yn ymuno yn yr hwyl. A dyna lle y safai Elsi ac Ifan, mewn perffeithrwydd glob eira, a phlu gorsaf Caernarfon yn dawnsio o'u hamgylch.

Ar fore'r briodas, roedd yr eira wedi toddi'n fwd gwlyb dan draed. Wrth iddi lithro i lawr llwybr ei chartref am y tro olaf, clywodd Elsi'r organ yn tuchan o grombil y capel. Wedi cyrraedd y drysau dwbl, edrychodd ar ei thad a ddymunodd bob lwc i'w ferch.

'Cofia, Elsi,' meddai â difrifoldeb yn blastar ar ei wyneb, 'pan ddoi di allan o'r capel, fyddi di'n wraig.'

'Wn i, Tada.' Suddodd ei chalon am ennyd.

Sodrodd William gusan ar dalcen llaethog ei ferch,

cyn agor y drysau dwbl. Cododd calon Elsi wrth iddi nesáu at Ifan wrth waelod y sêt fawr.

Y noson stormus honno oedd noson gyntaf y cwpl priod ym Mryn Rhydd. Roedd yn ddyddyn digon cartrefol a swatiai yng nghesail y Mynydd Mawr, lle'r oedd y gwynt yn chwibanu drwy'r muriau ddydd a nos. Yng ngoleuni'r tân a ruai yn yr aelwyd, eisteddai Elsi yng nghôl Ifan, yntau'n mwytho ei gwallt. Boddai arogl pin y goeden Nadolig fyllni'r ystafell, a'r rhubanau cochion yn fwgwd dros ei diffyg gwyrddni.

'Tyrd â dy law yma,' sibrydodd Elsi.

Tynnodd law Ifan am ei chanol. Teimlai'r ddau gyffro eu gwyrth eu hunain.

*

Drannoeth, daeth Mary a Dafydd draw gyda basged o fara, jam cartref a llaeth.

'Wel, mae hi'n glyd yma,' meddai Mary.

'Mae yma'n dal waith sydd angen ei wneud,' atebodd Ifan gan danio sigarét. 'Pan fydd y rhyfel drosodd, ga i ganolbwyntio ar ei droi'n gartref i ni.'

'Mae Tada'n anobeithiol,' meddai Elsi. Chwarddodd y pedwar. Doedd William ddim ymysg y dynion mwyaf ymarferol.

Cofleidient o amgylch y bwrdd, yn smocio a sgwrsio bob yn ail. Sylwodd Elsi ar newid cynnil yn llygaid Dafydd a'r modd yr edrychai Mary ac yntau ar ei gilydd yn gytûn. Berwai ei gwaed mewn cenfigen a deigryn llosg yn bygwth amlygu ei hun. Ysgydwodd ei phen er mwyn ymadael â rhwystredigaeth yr hormonau dieithr.

'Dwi wedi dod â rhywbeth bach i ti, Dafydd,' meddai

Mary wrth iddi ddechrau nosi. Taflodd edrychiad awgrymog at Elsi.

'O.' Disgynnodd y geiniog. 'Rho eiliad i mi,' atebodd hithau cyn diflannu i'r ystafell wely.

Daeth Elsi'n ei hôl gydag anrheg wedi'i rhwymo mewn papur brown.

'Nadolig llawen,' meddai Elsi gan gusanu boch gras ei gŵr, a Mary'n ei dynwared nes peri i Dafydd wrido gan gywilydd.

'Cas sigaréts?'

'A'i lond o sigaréts,' meddai Mary'n falch.

'In Trench, Mess, Billet or on Shipboard, every smoke will remind him of you ...' chwarddodd Dafydd yn ysgafn cyn diolch ac egluro nad oedd ganddo ddim anrheg i'w dychwelyd.

Disgynnodd wyneb Mary, er nad oedd hi wedi dal ei gwynt y câi unrhyw beth ganddo.

'Mae hi'n anodd crafu pres stamp yn Lerpwl,' medd Ifan er mwyn lleddfu ei siom. 'Oes rhaid i mi ddisgwyl tan yfory am fy anrheg innau?'

'Oes rhaid i *mi* ddisgwyl?'

'Dwi'n meddwl fod y gwch draddodiadol wedi hen hwylio o'r aelwyd hon yn barod,' gwenodd yntau ar ei wraig gan ddadorchuddio cas llythyrau.

Wedi hynny, baglodd y pedwar dros droed Mynydd Cilgwyn am wasanaeth noswyl y Nadolig yng nghapel Carmel. Yn wenfflam a dan ei sang, disgleiria'r addoldy tlawd cystal ag unrhyw deml ddrudfawr. Wrth droedio'r addoldy, denwyd Elsi at ei mam a eisteddai yn y sedd flaen. Am y tro cyntaf ers pan oedd yn ifanc, daeth dyhead plentynnaidd drosti ac ysfa am gariad mam. Yno, rhwng Ifan a Nanw, edrychai yn anghysbell ar y sedd fawr. Syllodd ar yr addurniadau a chwyr trist y gannwyll, a'i thad yn hercian am y pulpud cyn arwain y dorf mewn gweddi.

*

Daeth y Nadolig fel corwynt a dychwelodd Ifan yn dawel am Lerpwl. Aeth rhamant a chyffro cyrhaeddiad y trên ymaith a doedd dim ond tor calon ei ymadawiad ar ei ôl. Gwragedd â phoen y byd ar eu hysgwyddau yn gwisgo gwên gwroldeb wrth ffarwelio yng nglaw mân y Calan. Rhai na wyddent eu bod yn gwneud hynny am y tro olaf. Ac yn eu plith, safai Elsi yn nharth y stêm ymysg criw o fechgyn a chwaraeai â'u gynnau cogio bach, sŵn saethu, sŵn gwingo a griddfan oddi tani, nes yr amharwyd arnynt gan gic rybuddiol y fam. Yna hithau'n cynnig ystum o gydymdeimlad. Gwenodd Elsi'n grwca yn ei hôl, cyn cloi ei llygaid ar ei gŵr yn ei lifrai, trwy ffenestr dywyll y cerbyd. Tynnodd Ifan ei gap a'i chwifio drwy gulni'r agen, ei wyneb yn llawen, ei lygaid yn llawn ofn.

Gyda sgrech y trên y syrthiodd ei dagrau.

Raibina a Lambrini

MANON WYN WILLIAMS

Caeodd Mrs Pryderi-Pugh ei llygaid wrth gymryd anadl ddofn drwy'i thrwyn ac allan rhwng ei gweflau *ruby red*. Lapiodd ei migyrnau mewn hances bapur i guro'n ysgafn ar baen gwydr y drws oedd wedi'i orchuddio â phob math o ddynion eira a cheirw a Santa-Closus, ac yna dabio'r diferyn a grynai'n sigledig o un ffroen cyn cadw'r hances ym mhoced ei chôt laes ora. Teimlai'n ddigon penysgafn eisoes gan na allai stumogi fawr o frecwast y bore hwnnw wrth feddwl am yr hyn oedd o'i blaen, a doedd y goleuadau neon, heb sôn am y fflachiadau o *Merry Christmas* a oedd heb ei dynnu i lawr ers y llynedd, yn helpu dim ar yr achos. Edrychodd tua'i thraed gan ystyried sychu ei sodlau *patent* nefi blw yn y mat, ond wrth weld perfedd rhyw lygoden druan wedi'i osod yn grefftus yng nghanol yr 'o' yn *Welcome* a'r bowlen fwyd yn goferu o giti-cat wedi'i lastwreiddio gan law, daeth rhyw gyfog gwag drosti a phenderfynodd beidio symud yr un fodfedd o'i thraed.

Adnabu'r cysgod a ddeuai'n nes yr ochr arall i'r drws a diolchodd i'r nefoedd mai Joseph, ei hunig-anedig fab, fyddai'r cyntaf i'w chyfarch a'i chroesawu i'r hofal a alwai'n gartref ac nid Catrina, ei merch-yng-nghyfraith, a oedd yn bell o fod yn Fair Forwyn.

'Dolig chawan, Mam. Dewch i mewn.' Cododd Mrs Pryderi-Pugh un gongl i'w gwefl mewn ymgais i wenu'n gwrtais ar ei mab a chuddio'r siom yn ei chalon o'i weld mewn wonsi Rwdolff a chyrn plastig ar ei ben. Roedd hi'n amau'n obeithiol weithiau fod yr ysbyty wedi gwneud camgymeriad ddeng mlynedd ar hugain yn ôl a bod ganddi fab yn rhywle yn treulio'i ddiwrnod Dolig mewn crys a thei. Wrth frasgamu dros y trothwy'n sigledig gan osgoi camu ar y mat, clywodd Mrs Pryderi-Pugh lais cyfarwydd yn merwino'i chlustiau.

'Pwy ddiawl sy'n curo drws heddiw o bob diwrnod?! Os ma' thri-wais-men sy 'na, deud wrthyn nhw ddod i tŷ ffordd gynta – mi ffeindia i ffordd o'u cnesu nhw mewn dim!' Ond wrth ddod rownd y tro o'r gegin i'r cyntedd bach, disgynnodd gên Rose Michelle Jackson cyn ised â'i bloneg oedd i'w weld yn sbecian i'r golwg rhwng lastig ei legins a gwaelod ei siwmper Nadolig. 'Sa waeth fod Herod ei hun yn sefyll o'i blaen a mintai o filwyr y tu ôl iddo'n hogi eu cleddyfau yn ôl yr atgasedd ar ei hwyneb. Safodd Mrs Pryderi-Pugh yn stond yn y portico bach ynghanol yr holl sgideuach ac oglau traed yn syllu ar y Santa tinnoeth yn addurno coeden Dolig a'r geiriau 'Show us your balls' wedi'u hargraffu ar frest y foneddiges o'i blaen.

'Be ma hon yn da 'ma?' meddai'r ddwy fel deuawd ac am y gora i drywanu'i gilydd efo'u dyrti-lwcs. Ar hynny, daeth Catrina i'r golwg yn cario'r fechan o dan un gesail a thyrci o dan y llall.

'Rŵan, Mam, paid â mynd i dop caets, ddim heddiw *of all days*,' rhybuddiodd Catrina. Ond doedd Rose ddim yn un hawdd i'w darbwyllo, fel y gwyddai sawl un a fu'n ddigon anlwcus i'w churo mewn gêm o ddarts yn y Crown ar bnawn Sul ac a dalodd yn ddrud am eu gorchest.

'Joseph, sonioch chi ddim eich bod chi'n agor eich cartref i bob rafin yn y pentra 'ma,' meddai Mrs Pryderi-Pugh gan deimlo'i phalpyteshyns yn cryfhau fesul eiliad.

'Wt ti am ddeud wrth y dyrcan 'ma am fynd, Joey, achos os fydd rhaid i mi roi hwyth iddi trw drws 'na neith hi'm landio tan Dolig nesa,' bygythiodd Rose, ac nid at yr un oedd gan Catrina o dan ei chesail yr oedd hi'n cyfeirio ati. Roedd hi eisoes wedi torchi'i llewys ac yn pwyso a mesur ai sgrepan ynteu yn nhin-drowsus ei gelyn pennaf fyddai'r man mwyaf ymarferol i afael ynddo er mwyn ei thaflu dros y rhiniog.

'Rŵan, rŵan,' meddai Joseph, yn amlwg wedi ymarfer ei linell yr un mor gydwybodol â 'tai o'n dweud adnod yn sêt fawr, 'dwi'n siŵr nad oes raid i betha ddod i hynny a hitha'n dymor o ewychys da a bachu.'

'To'dd 'na fawr o *good will* pan o'dd hon yn rowlio a thuchan efo 'ngŵr i yn gefn fan, nag o'dd?! Ond 'na fo, un llac iawn ei lastig fuo hi 'rioed, glywis i. 'Sa rywun 'di deud wrtha chdi 'rioed mor debyg wt ti i'r dyn glo, Joey?'

'Peidiwch â gwrando arni, Joseph! *Gas* fuo gynno i 'rioed!' Ond mi oedd mai leidi yn protestio fymryn yn ormod.

Roedd Joseph a'i betyr haff, Catrina, wedi cael llond bol ar yr holl gecru a oedd wedi rhwygo'u teulu bach ers bron i flwyddyn bellach, byth ers i'r sgandal dorri fod gŵr Rose Michelle wedi bod yn gwneud cryn dipyn yn fwy na gosod trapia llygod mawr ar ei ymweliadau cyson â *semi-detached* Mrs Pryderi-Pugh tra oedd Rose yn teithio'r wlad bob penwythnos efo gweddill tîm darts genod y Crown. Fel dial, rhoddodd Rose gyhoeddiad yn y papur bro yn hysbysebu gwasanaeth llywydd rhanbarthol Merched y Wawr ar gyfer gwŷr priod yr ardal ac felly y daeth y pentref i gyd i wybod am ei hantics. Byth ers hynny, ni fentrodd Mrs Pryderi-Pugh ddangos ei hwyneb yn y *book club* na'r dosbarthiadau *tai chi* ac ymddiswyddodd ar ei hunion fel llywydd y Merched – yr aberth fwyaf – a bu'n byw fel meudwy dros y misoedd diwethaf. Pe byddai'i charwr wedi bod yn fanijar banc neu'n dwrna, efallai y gallai fagu digon o blwc i fynd i'r capel bob hyn a hyn. Byddai hyd yn oed fwtsiar neu farbar wedi bod yn fwy derbyniol ar binsh, ond dyn lladd llygod mawr?! *Oh, the shame!* Ond er gwaethaf gwendidau ei fam, allai Joseph druan ddim mo'i dychmygu yn eistedd wrth ei bwrdd derw mawr yn Lavender Cottage ar ei phen ei hun ar ddiwrnod Dolig a chlamp o ŵydd o'i blaen. A gan i Rose bacio holl eiddo di-werth ei chymar a'i hel o'i chartref cyn iddo gael cyfle i ddweud *strychnine* hyd yn oed, ei hun fyddai hithau heddiw hefyd oni bai i Catrina ei gwahodd yno.

Daeth bloedd o gyfeiriad Eliza Rose, a enwyd ar ôl ei dwy nain ac a oedd yn tynnu am ei blwydd, a rhoddodd hynny rywfaint o daw ar y bytheirio.

''Nes i ddeud wrtha chdi ma' mistêc fasa hyn, Joey,' edliwiodd Catrina'n gyhuddgar.

'Coblyn o gamgymeriad hefyd,' eiliodd Mrs Pryderi-Pugh.

'Fedri di ddeud hynna eto,' ategodd Rose.

Gafaelodd Joseph yn ei ferch, yn rhannol er mwyn ei chysuro ac yn rhannol fel tarian i'w amddiffyn oddi wrth weddill merched ei fywyd.

'Sbïwch, dach chi'n dechra cytuno'n barod. Gwrandwch,' mentrodd, 'dwi'n siŵr y medran ni *bury the hatchet* am un diwrnod, medran? Dŵr dan bont a bachu. *Let bygones be bygones ... Agree to disagree.* Ma bywyd rhy fyr, tydi?' Rhestrodd Joseph yr holl ddywediadau y gallai feddwl amdanynt er mwyn llenwi'r distawrwydd. 'Dach chi ddim isio sbwylio Dolig cynta Eliza Rose, nag o's?' Edrychodd y ddwy nain ar y fechan yn igian crio ac wedi plannu'i phen yng nghesail ei thad.

''Mond am heddiw, 'ta,' ildiodd Rose.

'Ia, wel ... tydi o ddim yn fy natur i i gecru a gneud sîn, beth bynnag,' ychwanegodd Mrs Pryderi-Pugh, na allai ymwrthod rhag lluchio un ergyd derfynol cyn rhoi pen ar y mwdwl.

Ddwy awr yn ddiweddarach, roedd Mrs Pryderi-Pugh wedi cael ei gosod ar gadair lan-môr o flaen y bwrdd i ddisgwyl am ei hymborth.

'Pasia'r grefi, dol,' meddai Rose â llond ei cheg fel roedd ei phen ôl yn cyffwrdd y gadair – roedd hi eisoes wedi stwffio tatan rost, *pig in blanket* a sleisan o dyrc i'w cheg wrth gario'i phlât at y bwrdd. Llithrodd Catrina y jwg fesur blastig i gyfeiriad ei mam. Doedd gan Mrs Pryderi-Pugh fawr o awydd bwyd ar y gora, ond pan welodd Rose yn tollti talpiau o refi wedi ceulo a gwaith cnoi arno fo dros ei phlât, mi fasa Marie bisgit wedi bod yn llawer mwy apelgar na chinio Dolig. Doedd Catrina ei hun ddim am fentro'r grefi hyd yn oed, ac estynnodd am y botel sos coch. Roedd Joseph wedi

rhawio hanner ei blât i'w geg ar un fforciad ac roedd
Eliza Rose yn ei chadair uchel wrthi'n hogi ei dannedd
ar damaid o gratsian yn feistrolgar. Magodd Mrs
Pryderi-Pugh ddigon o blwc i blannu blaen ei fforc
mewn sbrowtsan – mi oedd honno'n ddigon diniwed,
siawns, meddyliodd. Ond ar ôl llifio a llifio efo'i chyllell,
doedd 'na ddim ildio ar y sbrowtsan a doedd dim
amdani felly ond ei stwffio hi i'w hopran yn gyfan.

'Asu, ma'r tyrci 'ma'n dda gin ti, Joey,' canmolodd
Rose, 'syndod be ti'n gallu neud efo meicrowêf, yndi?'

Fuo ond y dim i sbrowtsan a dannedd gosod Mrs
Pryderi-Pugh gael eu chwydu allan yn y fan a'r lle.

'Ti'n gallu blasu'r *free-range* yn'o fo, dw't? Gan Keith
gest ti o, medda chdi, ia?'

Keith oedd partner llymeitian Joseph a gwyddai o'r
gora nad oedd gan ei fam air da amdano – ef a gâi'r bai
am arwain Joseph ar gyfeiliorn byth ers i'r ddau gael
eu gwahardd o'r ysgol am werthu fidios pornograffig i
rai o aelodau'r staff. Roedd ganddo fusnes prynu a
gwerthu ei hun erbyn hyn – neu roedd 'ffeindio' a
gwerthu yn nes ati – a manteisiai ar feddwdod ei
gyfeillion yn y Crown i wneud ceiniog neu ddwy.

'Mi nath ddîl da i mi, chwara teg,' meddai Joseph
gan boeri tamaid o stwffin ar ben ei siwt carw.

'Hwn o'dd yr unig un ar ôl ond o'dd o methu cael
gwarad o'no fo,' ychwanegodd Catrina, a oedd bellach
wedi agor balog ei *extra skinny jeans* ac yn cael
seibiant bach o'r gwledda drwy bigo o dan ei hewinedd
efo'i fforc.

O leia roedd y cradur wedi cael bywyd go lew
o ddedwydd os oedd o'n *free-range*, cysurodd Mrs
Pryderi-Pugh ei hun wrth orfodi tamaid ohono rhwng ei

gweflau i gyfeiliant byddarol 'Feed the World' ar y weirles.

'Y tyrcwn erich 'di hambygio fo achos fod o'n sâl, a toedd 'na neb isio tyrci 'di cael ei hambygio.' Agorodd y gair 'hambygio' bob math o ddrysau yn nychymyg Mrs Pryderi-Pugh. 'Ma nhw'n gachu bod yn betha brwnt iawn, meddan nhw – os gawn nhw sniff o wendid ma nhw'n troi ar ei gilydd, chi.'

'Wel, gymra i dyrci wedi'i hambygio bob blwyddyn os 'di o'n blasu fel hwn,' meddai Rose, gan fopio'i phlât yn lân efo'i sleisan olaf o'r deryn. 'Wt ti'n ddistaw iawn,' meddai'n gyhuddgar i gyfeiriad Mrs Pryderi-Pugh heb hyd yn oed edrych arni. 'Be sy? Bwyd Catrina 'ma ddim digon da i chdi?' Fel arfer, byddai wedi meddwl am ateb digon brathog i'w chyfeilles gan awgrymu nad oedd ei stumog hi'n gyfarwydd â sŵn 'ping' yn dod o'r popty. Ond roedd hi'n defnyddio hynny o nerth ac ewyllys oedd ganddi i ail-lyncu'r hyn oedd ganddi'n ei cheg.

'Dwi 'rioed 'di blasu dim byd tebyg,' meddai Mrs Pryderi-Pugh gan deimlo'i thrwyn yn tyfu fodfeddi. 'Mi fydd rhaid i mi gael rysáit y stwffin gynnach chi, Catrina.'

'O'dd o'n hawdd rili. Jest roi o'n popty o'dd raid i chi.'

'Wel, mae o'n ...' chwiliodd am y gair, '... fendigedig.'

'Wel, duda hynna wrth dy wymab, 'ta. Ti'n edrach 'tha letan 'lyb,' meddai Rose cyn agor can arall o lager a drachtio ohono fel pe bai wedi bod ar goll yn y Sahara ers mis a mwy.

Ar hynny, daeth y synau rhyfeddaf o gyfeiriad Eliza Rose a ymdebygai i fuwch yn dod â llo. Mi oedd hi wedi bod yn storgatsio'n o sownd ar sosijis bach a phan welodd Mrs Pryderi-Pugh y fechan yn gafael yn y degfed un a'i stwffio i'w cheg, gwyddai na fyddai'n hir cyn y gwelai hi'r cwbl eto. A'r peth nesaf, mi ffrwydrodd y beth bach fel tasa rhywun wedi gwasgu ploryn ac mi ddaeth y cwbl allan yn gyfan a glanio'n un blomonj ar blât Mrs Pryderi-Pugh a oedd yn sbrencs o'i blw-rins at ei bogal. Ac er na fyddai hi *under any circumstances* yn dymuno bod drosti mewn cinio Dolig wedi hanner ei dreulio fel rheol, o leiaf fyddai ddim rhaid iddi fwyta fforciad arall.

'Be ti isio i yfad?' holodd Catrina ei mam-yng-nghyfraith a oedd wedi ymgeleddu rhywfaint arni'i hun erbyn hyn gyda chymorth wet-waips. Roedd hi wedi llwyddo i ganfod congl o'r soffa blastig graciog oedd ddim wedi ei gorchuddio â chlytiau a dymis, teganau a blew cath, ac a oedd yn ddigon mawr iddi barcio un foch din arni gan adael i ffydd, gobaith a chariad ofalu am y foch arall. Meddyliodd y byddai glasiad bach o sieri yn cynnig rhywfaint o anasthetig mewn sefyllfa fel hon, ond gwyddai mai go brin y byddai gan Catrina botel o sieri'n cuddio y tu ôl i'r Cow and Gate yng nghwpwrdd y gegin. Gostyngodd Mrs Pryderi-Pugh ei disgwyliadau rhyw gymaint.

'Mi fasa port bach yn lyfli,' meddai ac arlliw o gwestiwn yn ei llais.

''Na i jecio be sgin i i chdi.' Sgriwiodd Mrs Pryderi-Pugh ei hwyneb i ddangos ei gwerthfawrogiad ffals. Edrychodd o'i chwmpas ar yr ystafell gan waredu at chwaeth ei merch-yng-nghyfraith. Pwy yn ei iawn bwyll fyddai'n dewis coeden Nadolig binc a hithau wedi mynnu fod Joseph yn peintio'r waliau'n goch chwe mis ynghynt? Daeth Catrina yn ei hôl yn gafael mewn gwydr peint a hylif coch ynddo.

'Neith hwn i chdi?'

Estynnodd Mrs Pryderi-Pugh ei dwy law a chofleidio'r lluniaeth a gynigiwyd iddi a chlincian ei modrwyau i'w glywed wrth iddynt daro'i gwydr. Cymerodd un sniffiad sydyn o'r cynnwys cyn mentro ag ef yn agos at ei gweflau.

'Ogla melys iawn arno fo, Catrina. Be ddudsoch chi oedd o eto?'

'O, y raibina fasa hwnnw.'

'Raibina?!' Ailadroddodd Mrs Pryderi-Pugh y gair fel tasa hi 'rioed wedi ei ynganu o'r blaen.

'Ia, raibina a Lambrini. Ma'n goch ac ma 'na alcohol yn'o fo, 'lly 'run fath 'di o rili, 'de?'

Ar hynny daeth Rose yn ei hôl i'r ystafell ar ôl bod yn rhoi'r fechan yn ei gwely, yn gafael mewn mygiad o Advocat ac arogl ei sigâr flynyddol i'w chanlyn. Nythodd ar y mat o flaen y tân lectrig yn barod ar gyfer y ddefod flynyddol o agor yr anrhegion, a phawb am y gora i wneud y mwyaf o lanast wrth rwygo'r papur. Pawb heblaw Mrs Pryderi-Pugh wrth gwrs – byddai hi'n cymryd ei hamser i blicio pob tamaid o dâp-selo yn waraidd.

''Ma chdi.' Lluchiodd Catrina barsel i gyfeiriad ei mam-yng-nghyfraith. Roedd honno, wrth lwc, wedi paratoi ar gyfer yr eiliad hon ac wedi bod yn ymarfer ei hymateb yn nrych sbio'n ôl y car ar y ffordd yno'r bore hwnnw pe na byddai'r anrheg yn plesio. Ond pan welodd hi'r bocs o joclet wilis a chopi ail-law o *Fifty Shades of Grey* yn dod i'r fei o blygion y papur, mi aeth yr holl ymarfer dwy'r ffenast.

'Meddwl 'sa chdi'n gallu gneud efo thril bach gan bo' chdi dy hun,' meddai Catrina. 'Nath o wyndyrs i *love life*

Joey a fi, sbeshali 'rôl i Eliza gael ei geni, achos tydi rhywun ddim 'run fath wedyn, na'di, ti'n gwbod? A gest ti lot o iws ohono fo ar ein hola ni hefyd, do, Mam?'

'Pwy sydd angen dyn go iawn, 'de cyw, pan gei di fwy o hwyl rhwng dau glawr. A ti'm yn gorfod golchi tronsia budur hwn na llnau'i hen flew o o'r bath.'

'A gan bod Mam a fi 'di gorffan efo fo, o'n i'n meddwl 'sa chdi'n lecio go arno fo. Dwi 'di troi congla'r pejis gora i chdi.'

Teimlodd Mrs Pryderi-Pugh y ddafad ar ganol ei thalcen yn dechrau tynnu a'i brest yn mynd yn gaeth a doedd dim amdani ond cythru i'r gwydr peint ac yfed y gymysgedd ar ei thalcen.

'Be gest ti gan Joey 'ma, Catrina?' holodd ei mam. 'Gobeithio bo' chdi 'di lapio fo'n iawn 'leni a ddim iwsio tin-ffoil fel llynadd.'

'Do, goris i o neithiwr – *4-pack* o Red Bull. Rois i glec i dri ohonyn nhw amsar brecwast – *after all*, ma'i'n Ddolig, yndi? Reit, pwy sy'n mynd nesa?' holodd Catrina gan estyn am anrheg arall o dan y goeden. Darllenodd y tag, 'I Eliza Rose gan dy hoff Nain'.

''Mond rwbath bach,' meddai Rose yn smyg, yn methu disgwyl i'w merch agor y parsel.

'O mai God, Mam! Fydd hi wrth ei bodd!' Allai Catrina ddim bod wedi gwirioni mwy tasa 'na siec am fil o bunnoedd wedi disgyn i'w hafflau hi.

'Dwi 'di dal arni tan rŵan,' meddai Rose, yn gwybod na allai'r un anrheg arall drympio'i phresant hi. 'O'n i'n meddwl 'sa styds bach glas yn mynd 'fo'i llgada hi, 'de. Fydd hi'n siŵr dduw o guro'r Cutest Baby yn *Daily Post* flwyddyn nesa rŵan.'

'Styds?!' ebychodd Mrs Pryderi-Pugh. 'Tydi hi'm

braidd yn ifanc i chi fynd i anffurfio'i chlustia bach hi, 'dwch?!' Roedd hi wedi gallu rheoli'i thafod yn o lew tan hynny, ond roedd y concocshyn a gafodd gan Catrina yn dechrau cael effaith erbyn hyn.

'Ifanc be d'wad? Chafon nhw'm *chance* i dorri ymbilical cord Catrina 'ma na o'n i 'di mynd â hi i gael gneud ei chlustia.'

'Wel, neith Joseph ddim cytuno i'r ffasiwn beth, yn na newch, Joseph?' siarsiodd ei fam. 'Dudwch rwbath, er mwyn dyn!' Ond roedd y llwdwn annwyl wedi hen ymgolli yn ei dun o Quality Streets.

"Sna rywun isio tjoclet?'

'O, pasia un o'r rhei papur coch i mi, gwael,' meddai Rose, 'dwi 'di bod yn un am *soft centres* erioed – ella ma' dyna lle es i'n rong efo dy dad! Ond o leia ges i bresant gynna fo am tro cynta 'leni – pres 'di dod drwodd o'r *divorce* – 'lly dwi am dritio'n hun i fŵb-job arall. Dwi'n siŵr fod rhein 'di shrincio dros amser. Neu ella ma' fi sy 'di tyfu o'u cwmpas nhw!' meddai Rose gan ostwng ei golygon tua'i brest a rhawio'i dwyfron blastig nes fuo ond y dim iddyn nhw lapio rownd ei hysgwyddau. 'Er, dwi'm yn siŵr sut neith tatŵ Michael Jackson fi edrach ar *double F cup* chwaith.'

'Ydi'r frenhines wedi dechra bellach, 'dwch?' holodd Mrs Pryderi-Pugh gan geisio troi'r stori cyn i Rose gael cyfle i ddangos ei Michael Jackson i bawb.

'Joban ddigalon, 'de,' meddai Rose. "Swn i'm balchach o fod yn *queen*, 'li – 'sa chdi'n cael injoio dim ar dy ginio Dolig, na 'sat, yn gwbod bo' chdi angen siarad efo'r *nation* yn pnawn. A to's gin y peth bach ddim byd newydd i'w ddeud o flwyddyn i flwyddyn, nag o's?'

'Wel, fydd hi ddim yn Ddolig arna i os na cha i

glywed ein majesti, beth bynnag. Tydw i 'rioed 'di colli blwyddyn. *Highlight* ein Dolig ni'n blant ers talwm.'

'O'dd telifisions acshyli wedi cael eu infentio pan odda chdi'n fach, 'lly?' holodd Catrina'n hollol ddiniwed gan bigo'r taffi'n rhydd o'i dannedd.

'Asu, oddan ni'n rhy brysur yn cwffio pwy o'dd yn cael coes a phwy o'dd yn cael *wing* i watsiad telifision. Ac amball Ddolig fydda gynnan ni'm un os o'dd Dad 'di anghofio talu bil lectric. Dyddia da!' meddai Rose yn hiraethus.

'Canu carola fyddan ni wedyn – pawb rownd y goedan,' meddai Mrs Pryderi-Pugh mewn llesmair a gwên ar ei hwyneb am y tro cyntaf y diwrnod hwnnw wrth gofio sidetrwydd ei phlentyndod, 'a gorffan efo "Dewch i Fethlehem oll dan ganu" – honno fydda ffefryt Mami.'

' "Jingle Bells" 'di hoff *Christmas carol* fi,' meddai Catrina gan geisio cyfrannu at y sgwrs.

'W, "Ebol Bychan" i mi bob tro,' ychwanegodd Rose.

'Dyna chi ryfadd,' meddai Joseph, 'achos mul fyddwn i bob blwyddyn yn 'rysgol Sul, 'stalwm.'

'Be, 'run rhan odda chdi'n gael bob blwyddyn gynnyn nhw?' gofynnodd ei fam-yng-nghyfraith.

'Naci siŵr! Un flwyddyn fi fasa'r pen blaen a'r flwyddyn wedyn fi fasa'r pen ôl.'

'Ti'n cofio chdi'n *fairy* un tro, Catrina?' holodd Rose yn llawn balchder gan wybod i'w merch hi dderbyn dipyn gwell rhan nag epil Mrs Pryderi-Pugh.

'Dwi'n siŵr mai angal 'dach chi'n feddwl,' meddai mai leidi gan bwffian chwerthin yn nawddoglyd.

'Naci – *fairy* o'dd 'i. O'dd gynni hi majic wond a bob dim. A blwyddyn wedyn o'dd hi'n robot.'

'Robot?!' ebychodd Mrs Pryderi-Pugh mewn anghrediniaeth ac yn reit saff na chlywodd hi 'rioed am robot yn canlyn y doethion a'r bugeiliaid at breseb yr ych.

'Ia, oddan nhw'n coelio mewn sbaisio petha fyny yn natifiti'r Crown, toeddan, Catrina?' meddai Rose gan luchio peth da arall i'w cheg. 'Boring 'di cael 'run stori bob blwyddyn, 'de. A ma pawb yn gwbod be sy'n digwydd ar diwadd eniwe, dydi?'

Fel roedd hi'n gorffen ei brawddeg, dechreuodd Rose wneud y stumiau rhyfeddaf a tharo'i brest yn ffyrnig.

'Ti'n ocê, Mam?'

Pwyntiodd at ei chorn gwddw ac yna chwifio'r papur peth da piws oedd yn ei llaw. Roedd ei hwyneb erbyn hyn yn cochi fwyfwy fesul eiliad.

'Oh my God! She's choking!' llefodd Catrina'n hysterig a'r ebychiad yn llawer mwy dramatig o fod yn yr iaith fain.

Bownsiodd Mrs Pryderi-Pugh ar ei thraed a heb feddwl ddwywaith, aeth i'r afael â Rose o'r tu ôl gan blannu ei dyrnau o dan ei brest a dechrau pwmpio fel diawl. Allai Catrina ddim ond cnadu'n afreolus ond, wrth gwrs, chynhyrfodd Joseph ddim mymryn mwy na phetai o'n gwylio ripît o'r *Antiques Roadshow*.

'Dewch yn eich blaen! Allan â fo!' meddai Mrs Pryderi-Pugh a oedd yn cael y mymryn lleiaf o foddhad o fod yn dyrnu stumog Rose yn ddidrugaredd. Ac ar hynny, mi hedfanodd cneuen o gorn gwddw Rose a glanio'n ôl yn y bocs Quality Street ar lin Joseph.

'Statodd Mrs Pryderi-Pugh fymryn ar ei thw-pîs, a gwthio cudyn o'i gwallt yn ôl i'w briod le cyn dychwelyd i'w chornel ar y soffa'n hunanfeddiannol. Lluchiodd

Catrina ei breichiau am ei mam mewn gollyngdod tra oedd honno'n trio cael ei gwynt ati.

'Arclwy, diolch 'ti, gwael,' meddai Rose yn ddidwyll i gyfeiriad Mrs Pryderi-Pugh. ''Blaw amdana chdi mi fasa hi 'di bod yn *death by chocolate* arna fi. *I owe you one.*'

'O'n i'n gwbod y basa'r cwrs *first aid* 'na efo Merched y Wawr yn dod yn handi rhyw ddiwrnod,' meddai Mrs Pryderi-Pugh.

'Feddylis i 'rioed bo' chdi cyn gryfad. Ei, ti 'rioed 'di meddwl dechra chwara darts?'

Ac am y tro cyntaf ers bron i flwyddyn, daeth heddwch ar ddaear lawr a thros deulu'r Pryderi-Pugh Jacksoniaid.

'Reit, lle ma'r remôt' – chwiliodd Rose o dan y clustogau – 'i ni gael gweld hon yn mynd trwy'i phetha? A Catrina, dos i nôl diod i'r leidi 'ma – peth lleia ma hi'n haeddu. Be gymri di?'

'Wel … sgynnach chi fwy o raibina a Lambrini?'

Yr Awduron

Lleucu Roberts (Pwdin Nadolig Melania Trump, tud 9)

Yn Rhostryfan mae Lleucu Roberts yn byw, ac mae hi wedi bwyta'i siâr o nifer fawr o bwdinau Nadolig yno bellach, er mai o Geredigion y daw hi'n wreiddiol. Pan na fydd hi'n cyfieithu, mae hi'n ysgrifennu nofelau a straeon byrion i oedolion a phlant, ac wrth ei bodd yn araf hurtio wrth weiddi ar wleidyddion ar y sgrin.

Ei hanrheg Nadolig ddelfrydol? Peiriant creu rhagor o amser.

Marlyn Samuel (Tydi Dolig ddim yn Ddolig ..., tud 26)

 Mae Marlyn yn byw ym Mhentre Berw gyda'i gŵr, Iwan a Bruno le chien, y cocapŵ. Mae wedi cyhoeddi pedair nofel, *Llwch yn yr Haul*, *Milioners*, *Cwcw* a *Cicio'r Bwced*. Yn ei gwaith bod dydd mae'n gweithio fel Ymchwilydd gyda Radio Cymru. Heblaw am sgwennu, mae'n mwynhau mynd â Bruno am dro ac un o'i phleserau euog ydi gwylio'r rhaglen *Say Yes To The Dress* ar y teledu.

Yr anrheg Nadolig ddelfrydol? 'Cael pawb adra rownd y bwrdd cinio Diwrnod Dolig ac yna ar ddiwrnod San Steffan, hedfan i wlad boeth bellennig ac aros mewn gwesty pum seren. Nefoedd ar y ddaear!'

John Gruffydd Jones (Hogan Panto, tud 41)

Mae John Gruffydd Jones yn awdur sydd wedi ennill rhai o brif gystadlaethau llenyddol yr Eisteddfod Genedlaethol – Y Goron, Y Fedal Ryddiaith a'r Fedal Ddrama. Yn wreiddiol o Nanhoron ym Mhen Llŷn, bu'n byw ym Manceinion am 17 mlynedd, cyn ymgartrefu yn Abergele yn 1967. Mae sgwennu yn ddiléit ganddo, ac mae'n awdur prysur.

Ei anrheg Nadolig ddelfrydol fyddai cael nerth i ddal i sgwennu.

Non Mererid Jones (Ma hi'n Ddolig, tud 51)

 Un o Bwllheli, Llŷn, yw Non ac yno y mae hi'n byw o hyd. Graddiodd o Brifysgol Caerdydd yn 2012 â gradd yn y Gymraeg a dychwelodd i'r gogledd i gwblhau gradd MA Cymraeg ym Mhrifysgol Bangor. Mae hi bellach ym mlwyddyn olaf ei doethuriaeth, yn ymchwilio i waith y Prifardd T. James Jones. Mae hi hefyd yn gweithio fel Tiwtor Cymraeg i Oedolion yn y brifysgol.

Ei anrheg ddelfrydol (ar hyn o bryd) fyddai gwyliau am ddim i Galiffornia ond mae hi'n wastad yn ddiolchgar am sanau!

Gwenni Jenkins-Jones (O bob Lliw a Llun, tud 70)

Merch o Gaerdydd yw Gwenni a dyma'r stori gyntaf iddi ei chyhoeddi. Wedi graddio o Brifysgol Bangor gyda gradd BA (Anrh) Cymraeg yn 2018, mae hi nawr yn ôl yn y brifddinas yn gweithio fel codwr arian i Goleg Brenhinol Cerdd a Drama Cymru. Yn ffidlwraig frwd, mae hi'n chwarae i gerddorfa leol yn ei hamser sbâr yn ogystal â chyfieithu a gwirfoddoli gydag ymgyrchoedd amgylcheddol.

Petai unrhyw anrheg Nadolig yn bosib, bysai Gwenni moyn peiriant amser er mwyn ail-fyw hen atgofion, creu mwy o amser i'w hun yn y presennol, (does byth digon o amser i wneud pob dim) a gwibio ymlaen i'r Nadolig nesaf!

Cefin Roberts (Cerdyn Dolig, tud 87)

Un o sylfaenwyr Ysgol Glanaethwy fe gwblhaodd Cefin ei ddoethuriaeth ym Mhrifysgol Bangor mewn ysgrifennu creadigol eleni. Mae wedi cyhoeddi tair nofel, cyfrol o fonologau, cyfrol o lythyrau yn ogystal â cherddi a chaneuon i blant ac oedolion. Yn sgriptiwr a chyfarwyddwr ers dros ddeugain mlynedd, ei lwyfaniad diweddaraf oedd ei addasiad llwyfan gyda Karen Owen ac Al Lewis o *Te yn y Grug*, Kate Roberts. Enillodd y Fedal Ddrama yn Eisteddfod Genedlaethol Tyddewi, 2002, a'r Fedal Ryddiaith ym Meifod, 2003. Ar hyn o bryd mae'n gweithio ar ei hunangofiant i Wasg y Bwthyn ac yn gobeithio cyhoeddi'r gwaith yn 2020.

'Yr anrheg Nadolig ddelfrydol fyddai cwrs siarad Eidaleg. Dyna fydd f'addewid Blwyddyn Newydd eleni. Dwi wedi deud wrthai'n hun – unwaith bydd y ddoethuriaeth i mewn yr awn ati i ddysgu iaith newydd yn syth. Gan ein bod yn mynd allan i'r Eidal yn amal yna Eidaleg fyddai'r dewis cynta'.'

Anwen Pierce (Chwarae'r Rhan, tud 102)

Daw Anwen o Sir y Fflint yn wreiddiol, ond mae'n Gardi mabwysiedig ers tro byd. Fe'i magwyd yn Llandysul a bellach mae wedi ymgartrefu yn ardal Aberystwyth gyda'i dyweddi a'i merch. Mae'n olygydd wrth ei gwaith bob dydd ac o ran ei diddordebau, canu, rhedeg yn achlysurol, a thrio barddoni sy'n mynd â'i bryd.

Ei anrheg Nadolig ddelfrydol? 'Gan y byddai Cymru annibynnol yn anodd ei lapio a'i ffitio dan y goeden, byddai potel o Chianti da a Toblerone anferth yn plesio'n fawr.'

Bet Jones (Y Pump Pwdin Nadolig, tud 117)

Magwyd Bet ym mhentref Trefor. Mae'n briod ag Elwyn a threuliodd y ddau dros bymtheg mlynedd ar hugain yn Rhiwlas, lle magwyd eu dwy ferch, Gwen a Meinir. Am gyfnod o chwarter canrif teithiodd Bet yn ddyddiol dros y bont i Ynys Môn lle gweithiai fel athrawes yn Ysgol y Graig Llangefni. Dair blynedd yn ôl symudodd i fyw i Bontnewydd, lle mae'n mwynhau ei hymddeoliad drwy ysgrifennu, darllen, teithio a garddio.

Anrheg Nadolig ddelfrydol Bet fuasai cael mynd yn ôl am un diwrnod i gyfnod ei phlentyndod yn y pumdegau i dreulio'r ŵyl a oedd bryd hynny yn llawn hud diniwed.

Caryl Angharad (Chwalu'r Rhith, tud 132)

Un o Garmel, ger Caernarfon, ydi Caryl. Mi aeth i Goleg Cerdd ym Manceinion ar ôl gadael chweched ddosbarth Ysgol Dyffryn Nantlle â'i bryd ar fod yn gantores operatig, ond dychwelodd i'w gwreiddiau a chwblhau gradd mewn Cymraeg ym Mhrifysgol Bangor. Mae hi ar ddechrau ei gyrfa bellach gyda Chyngor Gwynedd ac wrthi'n ysgrifennu ei nofel gyntaf. Pan nad ydi hi'n gwario ar ddillad, mae hi wrth ei bodd yn crwydro mynyddoedd Eryri a darllen.

Ei anrheg Nadolig ddelfrydol fyddai tyddyn yn nhopiau Rhosgadfan, efo digon o dir, golygfeydd a llonydd. Os nad ydi Siôn Corn yn medru cario hwnnw ar ei sled, mi wnâi siec i dalu amdano y tro!

Manon Wyn Williams (Raibina a Lambrini, tud 149)

Yn enedigol o Ros y meirch, Ynys Môn, ond bellach yn byw yn y Talwrn, derbyniodd Manon ei haddysg yn Ysgol y Graig, Llangefni, ac yna yn Ysgol Gyfun Llangefni, cyn derbyn ysgoloriaeth i fynd i Brifysgol Bangor i astudio'r Gymraeg. Ers iddi dderbyn gradd dosbarth cyntaf yno yn 2008, bu'n gweithio yn rhan amser fel sgriptwraig, actores broffesiynol, a thiwtor drama i ieuenctid. Yn 2010, cwblhaodd radd M.A. mewn Cymraeg ac Ysgrifennu Creadigol gan ganolbwyntio ar y ddrama fel cyfrwng. Yr un flwyddyn, derbyniodd ysgoloriaeth i ddilyn cwrs doethuriaeth mewn sgriptio a drama o dan nawdd y Coleg Cymraeg Cenedlaethol cyn ei phenodi, yn 2014, yn ddarlithydd sgriptio y Coleg Cymraeg Cenedlaethol ym Mhrifysgol Bangor. Yn 2007, enillodd Ysgoloriaeth Bryn Terfel am berfformiad dramatig ac enillodd Fedal Ddrama Eisteddfod Genedlaethol yr Urdd ddwywaith. Mae hi'n wraig i Iwan ac yn fam i Llywarch a Meredydd.

Ei anrheg Nadolig ddelfrydol? 'Cwsg a bag pegs newydd!'